KOCHEN OHNE BLABLA

VEGGIE

DK

INHALT

HERZHAFTE KUCHEN

GRATINS

DESSERTS

EINKAUFSLISTEN

REGISTER

NUR KURZES BLABLA VORWEG …

WIR ALLE HABEN VIEL ZU TUN, UND NIEMAND MAG SICH LÄNGER ALS NÖTIG IN DER KÜCHE AUFHALTEN. DARUM PRÄSENTIEREN WIR IN DIESEM BUCH 65 VEGETARISCHE REZEPTE, DIE WENIG ZEIT KOSTEN UND MIT EINEM BLICK ZU ÜBERSCHAUEN SIND.

Eigentlich würdest du gern mehr selbst kochen, aber du hast keine Lust, endlose Rezepttexte zu studieren? Du würdest gern einmal Buchweizen probieren, hast aber keine Ahnung, wie man ihn zubereitet? Gutes Essen weißt du zu schätzen, aber mehr als eine halbe Stunde magst du dir zum Kochen nicht nehmen?

Die Rezepte in diesem Buch sind so schnell und einfach nachzukochen, dass sie sich auch in einen vollen Alltag integrieren lassen. Jedes Rezept gibt die Zutaten nacheinander an. Die Pfeile zeigen, wie die Arbeitsschritte aufeinanderfolgen. Also zähle 1 und 1 zusammen und lass dich von den 65 Rezepten überraschen!

DAS PRINZIP IST GANZ EINFACH: Bild für Bild in der Reihenfolge der Pfeile vorgehen, dann kommt am Ende etwas Feines auf den Tisch. So einfach ist das!

01 AVOCADOCREME
mit Cashewkernen und Basilikum

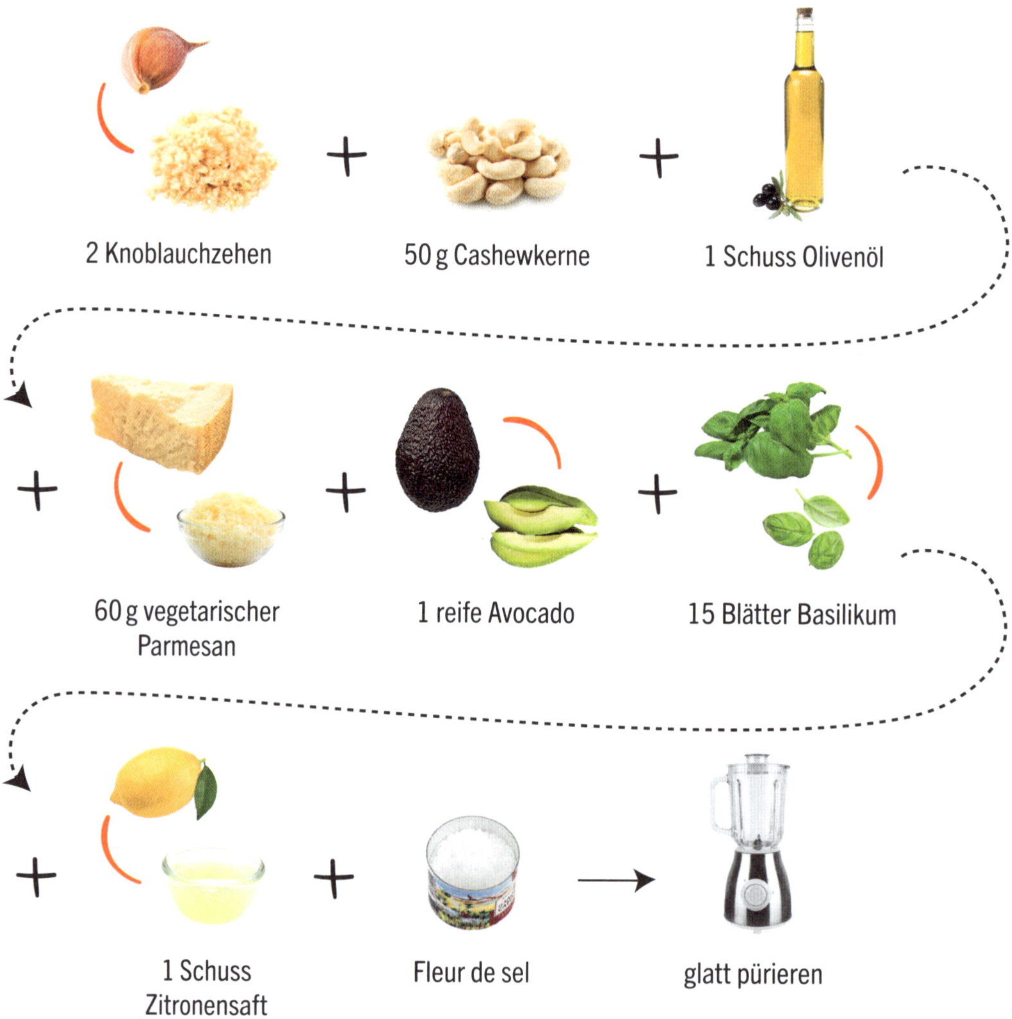

FÜR 4 PERSONEN

VORBEREITEN: 5 MINUTEN

02 ARTISCHOCKENCREME

mit eingelegter Zitrone

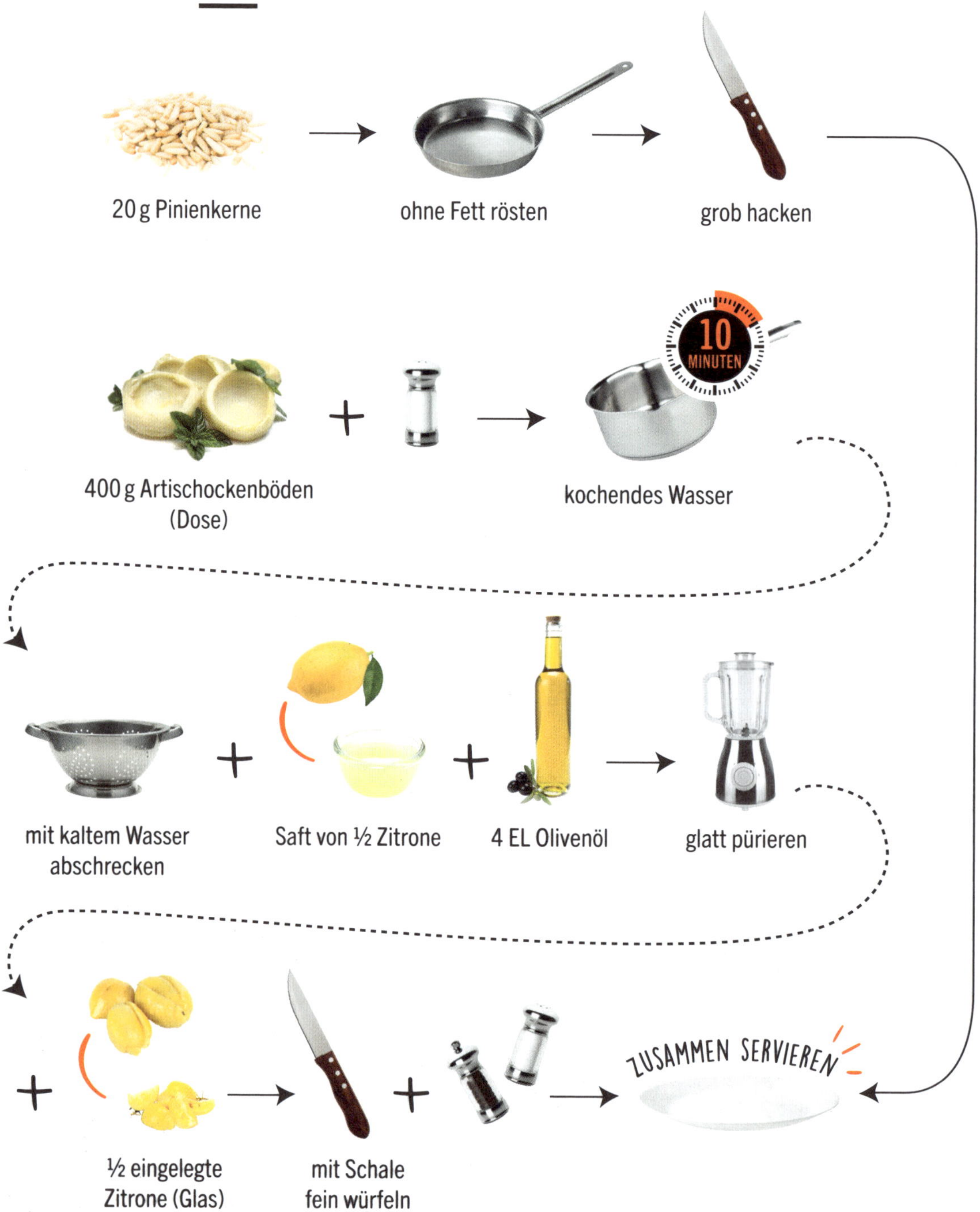

FÜR 4 PERSONEN

VORBEREITEN: 20 MINUTEN

GAREN: 10 MINUTEN

03 CHIPS

aus buntem Gemüse

1 Rübchen (Navette)

\+

1 Pastinake

\+

1 Süßkartoffel

\+

1 Knolle Rote Bete

in hauchdünne Scheiben hobeln

\+

Öl erhitzen

frittieren, zwischendurch wenden

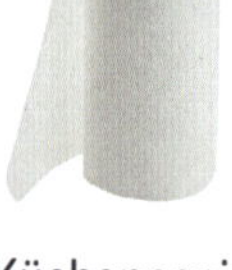

Küchenpapier

\+

FÜR 4 PERSONEN
VORBEREITEN: 10 MINUTEN
GAREN: 3 MINUTEN

04 KICHERERBSEN

pikant gewürzt

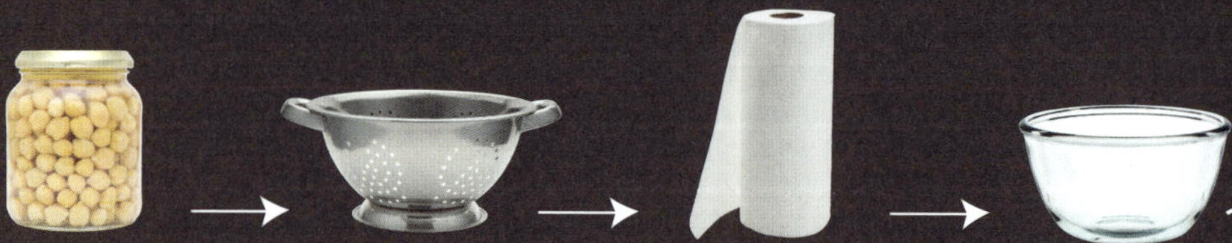

800 g Kichererbsen (Glas) → abspülen → abtrocknen →

\+ 4 TL Paprikapulver edelsüß + ½ TL Salz + 2 EL Olivenöl +

[+ Backpapier] → Backofen 200 °C (Ober-/Unterhitze)

FÜR 4–6 PERSONEN

VORBEREITEN: 5 MINUTEN

GAREN: 35 MINUTEN

05 BUCHWEIZENBÄLLCHEN

mit Karotten und Koriander

100 g Buchweizenflocken + 150 ml Milch → schwache Hitze, ausquellen lassen

2 Karotten + 1 EL milde Chilisauce + 1 EL Chilisauce + 5 Stängel Koriandergrün

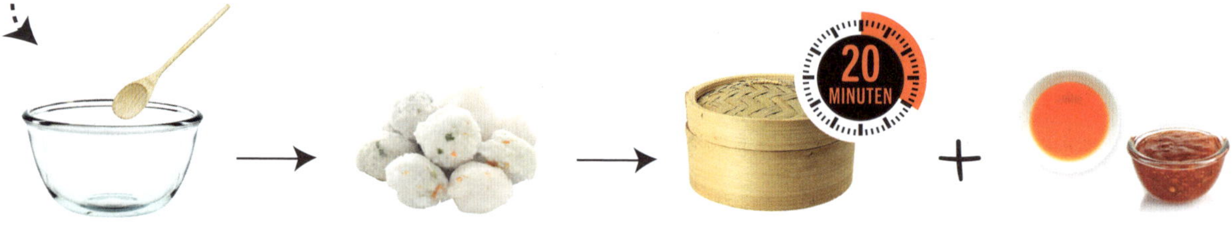

→ 20 Kugeln formen → im Dampf garen, einmal wenden + mit je 3 EL der beiden Saucen servieren

FÜR 20 BÄLLCHEN
VORBEREITEN: 25 MINUTEN
GAREN: 25 MINUTEN

06 BLUMENKOHLFLADEN

mit Tomaten

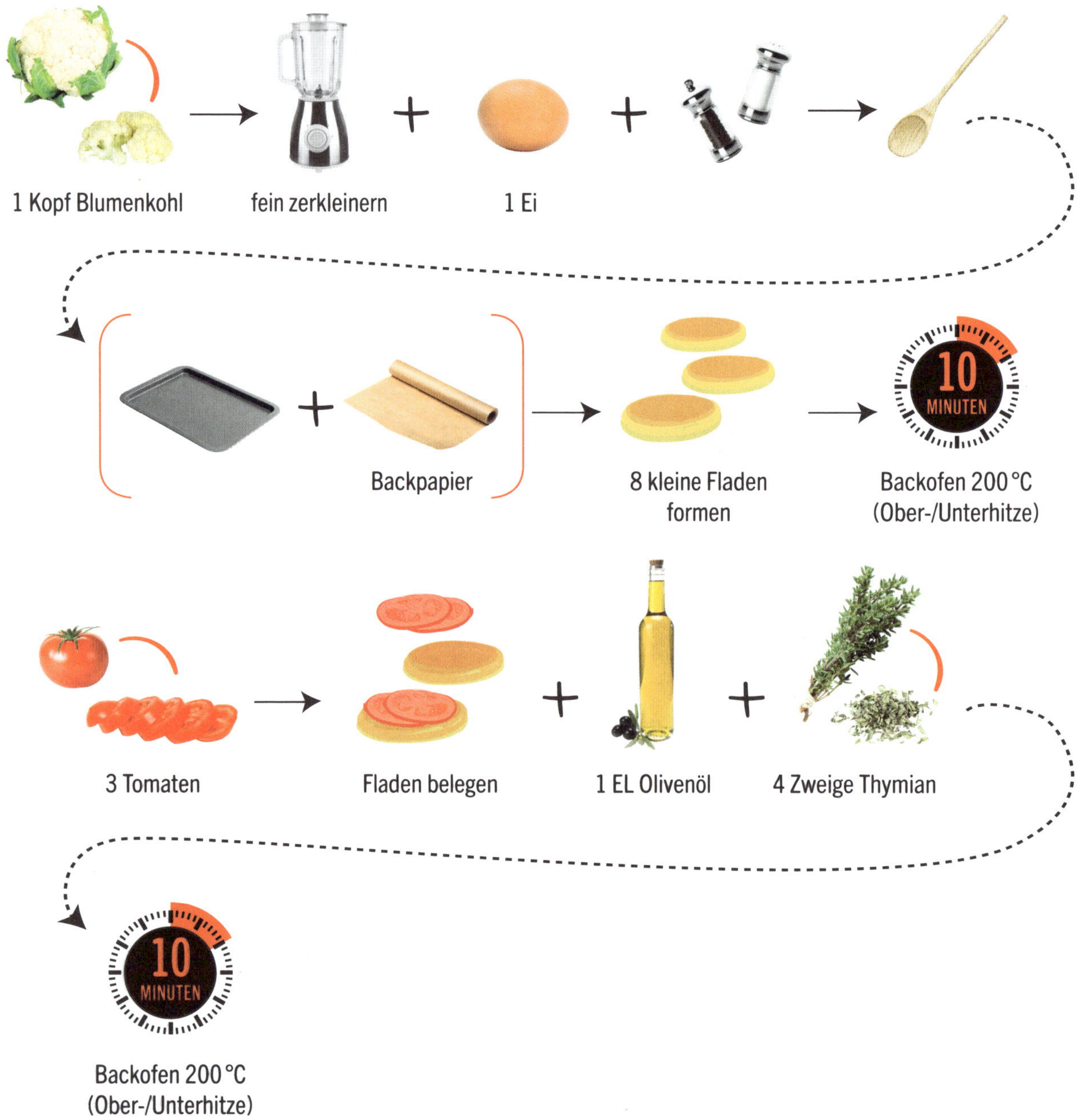

FÜR 4 PERSONEN

VORBEREITEN: 10 MINUTEN

GAREN: 20 MINUTEN

07 FOUGASSE
mit Oliven

FÜR 4 PERSONEN

VORBEREITEN: 15 MINUTEN

GEHEN: 30 MINUTEN

GAREN: 10 MINUTEN

08 MOZZARELLASPIESSCHEN
mit Tomaten und Oliven

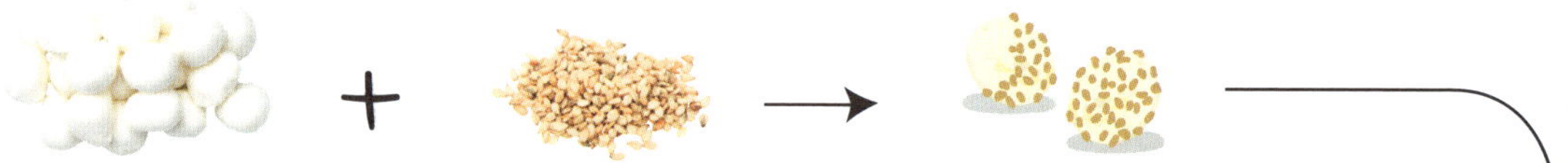

8 Minikugeln Mozzarella + 30 g Sesam → Kugeln darin wälzen

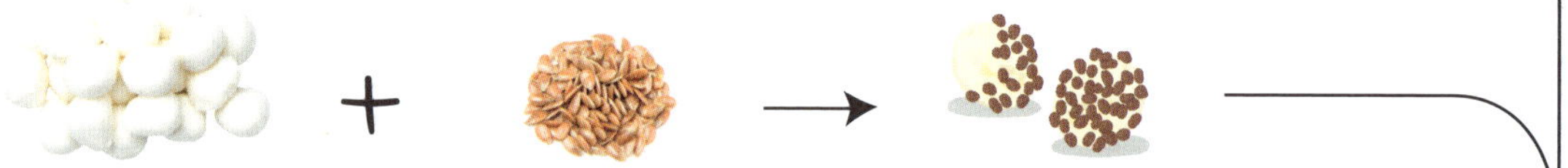

8 Minikugeln Mozzarella + 30 g Leinsamen → Kugeln darin wälzen

je 4 entsteinte grüne und schwarze Oliven → halbieren

16 Kirschtomaten → auf 16 kleine Spieße stecken →

< 1 MINIKUGEL MOZZARELLA

< 1/2 OLIVE

< 1 KIRSCHTOMATE

FÜR 4 PERSONEN
VORBEREITEN: 10 MINUTEN

09 TABOULÉ

mit Gemüse und Sesam

FÜR 4 PERSONEN

VORBEREITEN: 20 MINUTEN

10 WASSERMELONENSALAT

mit Gurke und Feta

FÜR 4 PERSONEN

VORBEREITEN: 15 MINUTEN

11 KÜRBISSALAT

mit Nusskernen und Cranberrys

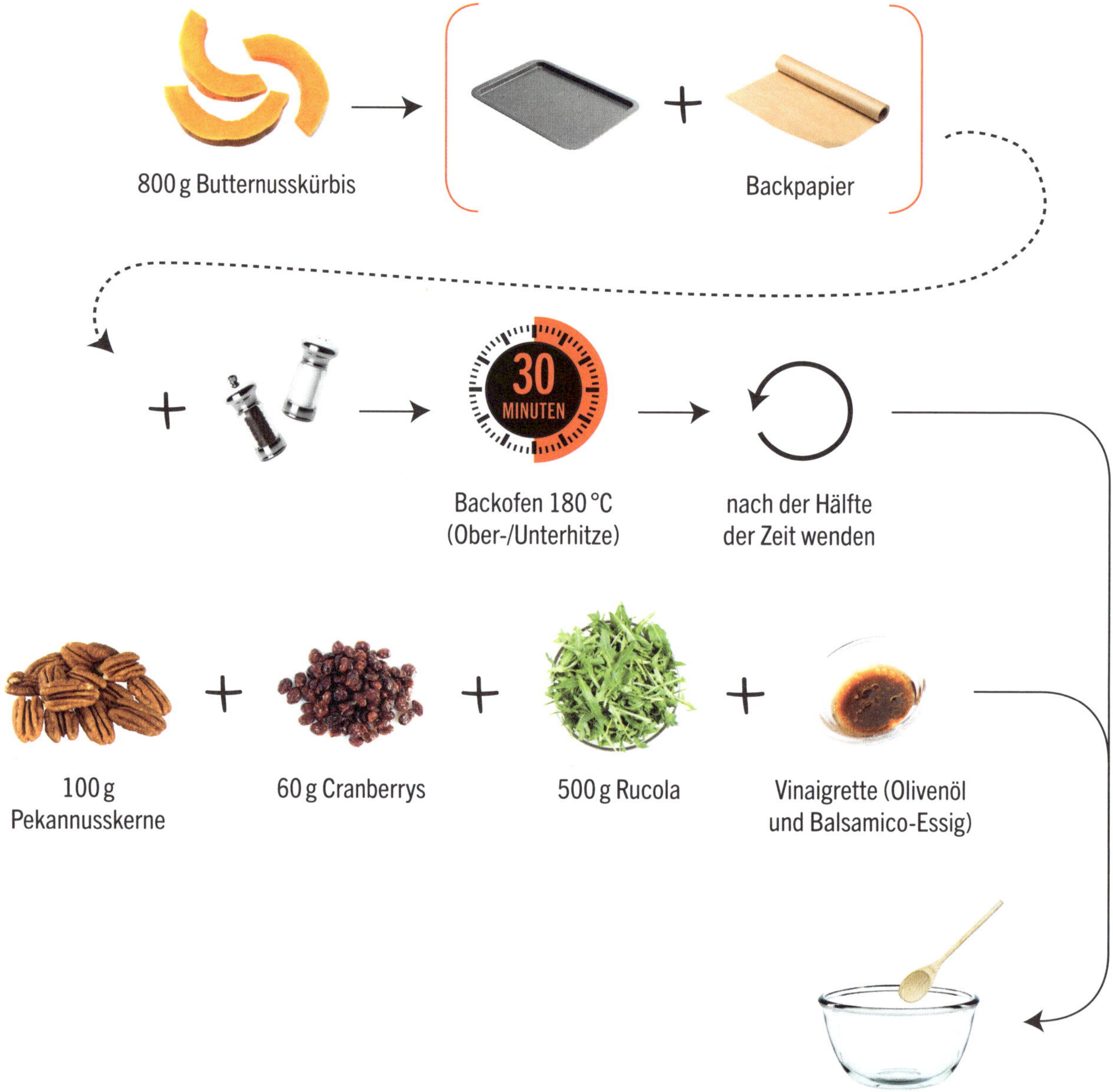

FÜR 4 PERSONEN
VORBEREITEN: 15 MINUTEN
GAREN: 30 MINUTEN

12 BUCHWEIZENSALAT

mit Paprikaschoten

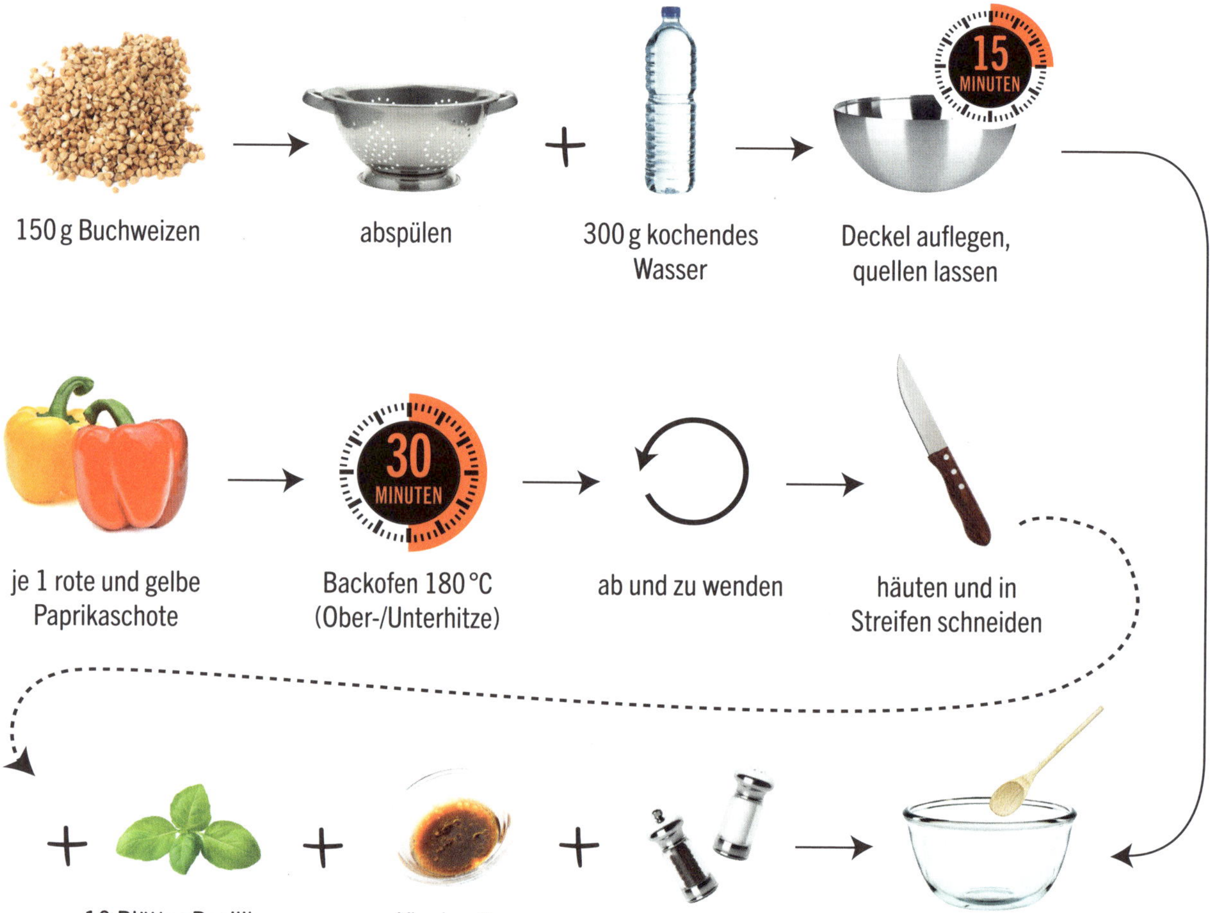

150 g Buchweizen → abspülen + 300 g kochendes Wasser → Deckel auflegen, quellen lassen

je 1 rote und gelbe Paprikaschote → Backofen 180 °C (Ober-/Unterhitze) → ab und zu wenden → häuten und in Streifen schneiden

+ 10 Blätter Basilikum + Vinaigrette (Olivenöl, Senf, Zitronensaft) + →

FÜR 4 PERSONEN

VORBEREITEN: 10 MINUTEN

GAREN: 30 MINUTEN

QUELLEN: 15 MINUTEN

13 WARMER SALAT

mit Stangenbohnen und Avocados

FÜR 4 PERSONEN
VORBEREITEN: 5 MINUTEN
GAREN: 8 MINUTEN

14 WEISSE-BOHNEN-SALAT

mit Karotten

500 g Weiße Bohnen (Dose) → abspülen + 3 Karotten

+ 2 Frühlingszwiebeln + 1 EL gehackte Petersilie + 1 EL gehacktes Koriandergrün

+ 1 EL Kapern + Vinaigrette (Olivenöl und Apfel- oder Weinessig) →

FÜR 4–6 PERSONEN

VORBEREITEN: 15 MINUTEN

15 QUINOASALAT
mit Tomaten und Feta

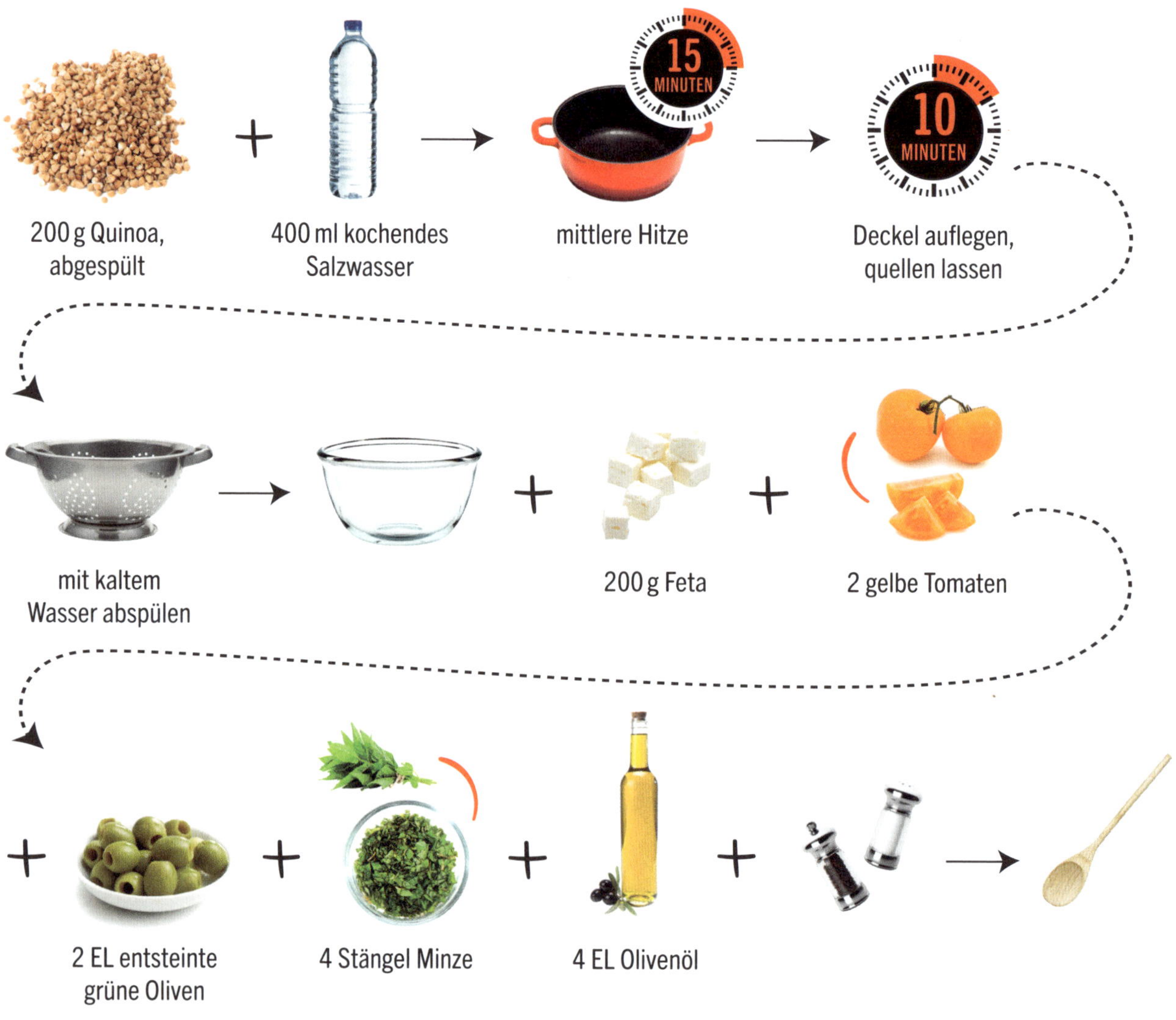

FÜR 4 PERSONEN
VORBEREITEN: 10 MINUTEN
GAREN: 15 MINUTEN
QUELLEN: 10 MINUTEN

16 LINSENSALAT
mit gekochten Eiern

4 Eier

+

kochendes Wasser

→

pellen und vierteln

300 g vorgegarte Tellerlinsen, lauwarm

+

3 Karotten

+

einige Salatblätter

+

30 Walnusskerne

+

einige Stängel Petersilie

+

Vinaigrette (Walnussöl und Apfel- oder Weinessig)

FÜR 4 PERSONEN
VORBEREITEN: 15 MINUTEN
GAREN: 10 MINUTEN

17 REIS MIT ZUCCHINI
und Kochbananen

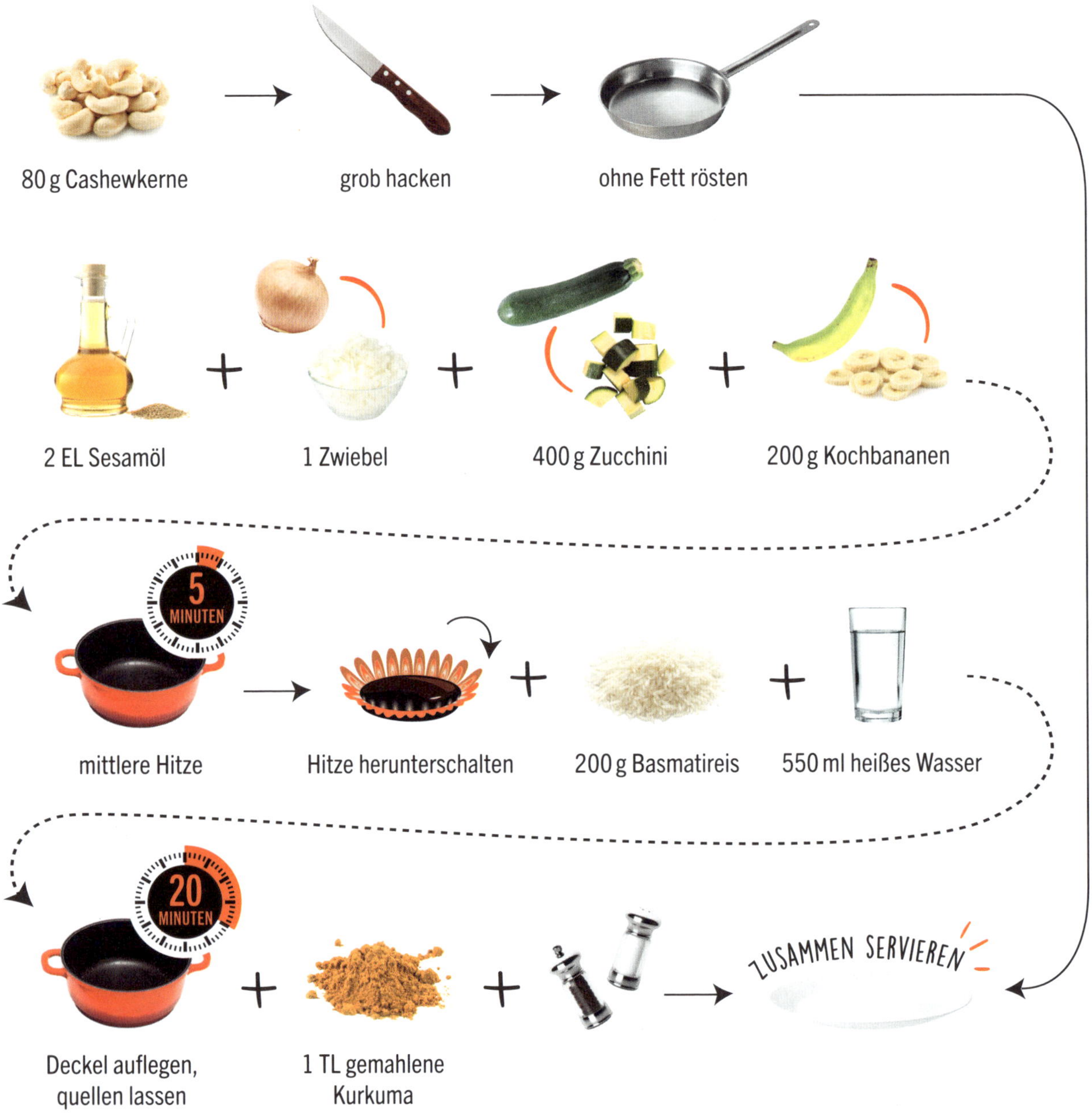

FÜR 4 PERSONEN

VORBEREITEN: 10 MINUTEN

GAREN: 25 MINUTEN

18

RISOTTO

mit Zucchini

FÜR 4 PERSONEN

VORBEREITEN: 10 MINUTEN

GAREN: 28 MINUTEN

19 PIKANTER BULGUR
mit Karotten und Erbsen

FÜR 4 PERSONEN
VORBEREITEN: 10 MINUTEN
GAREN: 18 MINUTEN

20

QUINOAPUFFER

mit Lauch

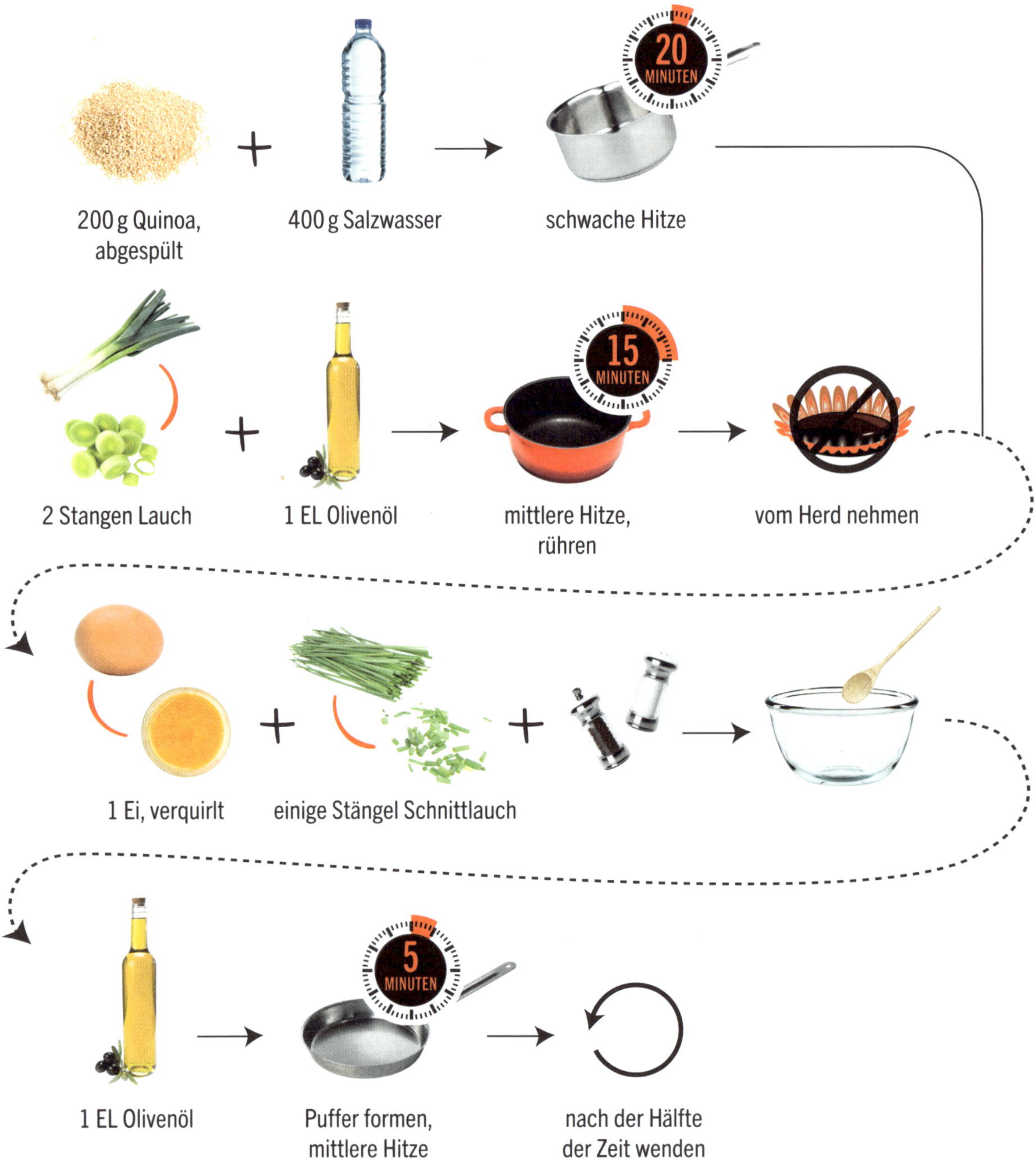

FÜR 4 PERSONEN

VORBEREITEN: 15 MINUTEN

GAREN: 25 MINUTEN

21 QUINOAPFANNE

mit Bohnen, Erbsen und Eiern

200 g junge Erbsen

+

100 g Dicke Bohnen (Glas), abgetropft

+

1 Zwiebel

+

+

250 g Quinoa, abgespült

+

500 ml Wasser

schwache Hitze, bis das Wasser eingekocht ist

+

100 g Feta

+

4 rohe Eier in Mulden aufschlagen

Backofengrill

+

einige Stängel Schnittlauch

FÜR 4 PERSONEN

VORBEREITEN: 20 MINUTEN

GAREN: 20 MINUTEN

22 BULGURSALAT

mit grünem Spargel

FÜR 4 PERSONEN
VORBEREITEN: 15 MINUTEN
GAREN: 20 MINUTEN

23 PROVENZALISCHE SUPPE

mit Einkorn

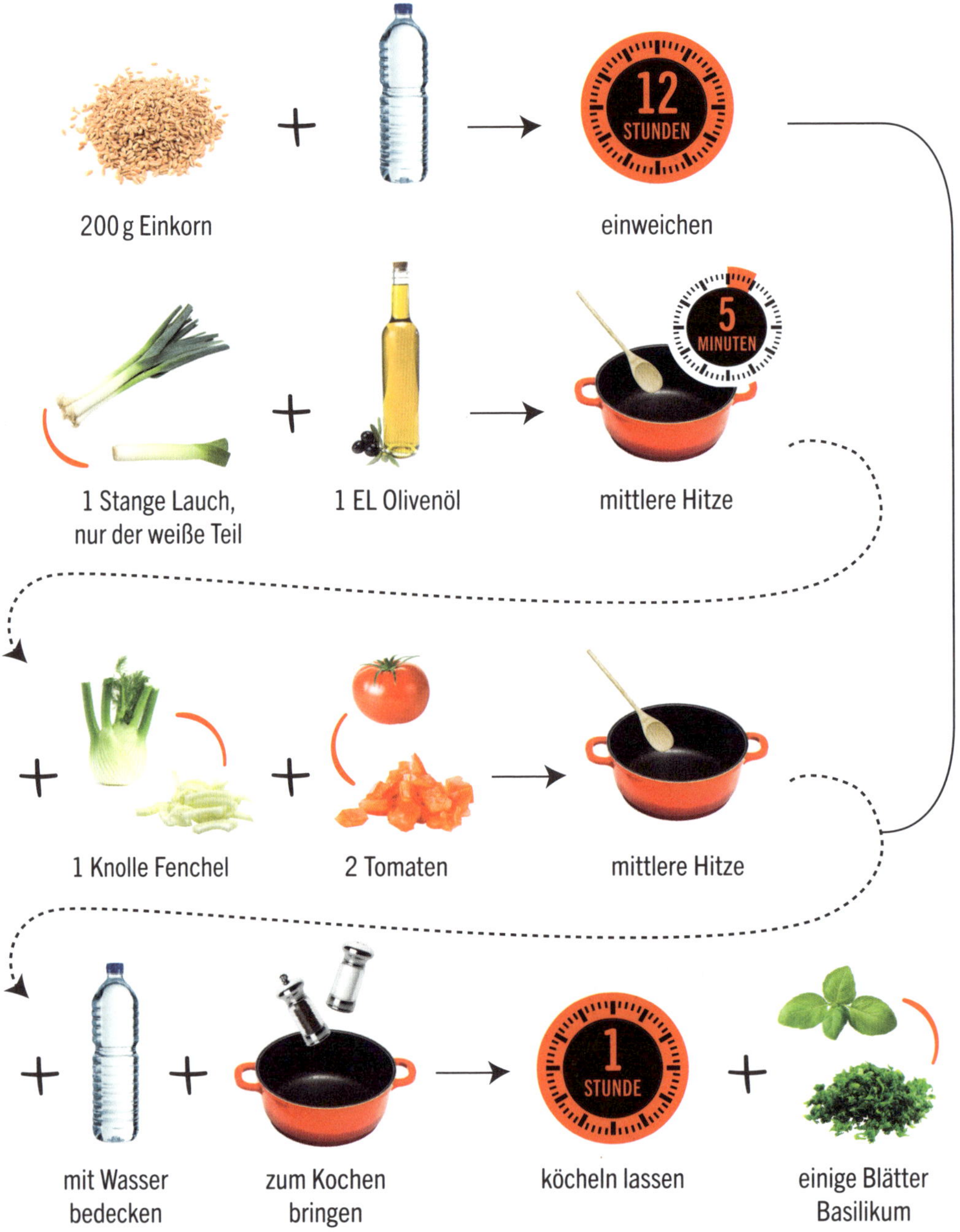

FÜR 4 PERSONEN

VORBEREITEN: 10 MINUTEN

EINWEICHEN: 12 STUNDEN

GAREN: 65 MINUTEN

24 GRAUPENSUPPE
mit Wintergemüse

1 Karotte + 1 Pastinake + 1 vorwiegend festkochende Kartoffel

+ 1 Rübchen (Navette) + 1 Zwiebel + 1 Stange Lauch

+ 1 Würfel Gemüsebrühe + 1 EL getrockneter Thymian + 150 g Perlgraupen, abgespült

+ 1,5 l Wasser + Deckel auflegen, köcheln lassen

FÜR 4–6 PERSONEN
VORBEREITEN: 20 MINUTEN
GAREN: 35 MINUTEN

25 SOBA-NUDELN
mit Champignons

250 g kleine Champignons oder Shiitakepilze + 1 Zwiebel + 1 EL Sesamöl → mittlere Hitze

+ 300 g Soba-Nudeln (jap. Weizennudeln) + 100 ml Sojasauce + 100 g Zuckerschoten + 2 Karotten, in Bänder geschnitten

+ 500 ml Wasser → mittlere Hitze, mit Deckel + 2 EL Sesam + Koriandergrün

FÜR 4 PERSONEN
VORBEREITEN: 10 MINUTEN
GAREN: 15 MINUTEN

26 NUDELTOPF
mit Tomaten und Zucchini

1 kleine Zucchini

1 Zwiebel

2 Knoblauchzehen

200 g Kirschtomaten

4 Stängel Basilikum

250 g Vollkorn-Linguine

1 kleine rote Chilischote, fein gehackt

4 EL Olivenöl

1 Würfel Gemüsebrühe

600 ml Wasser

mittlere Hitze

40 g vegetarischer Parmesan

FÜR 4 PERSONEN
VORBEREITEN: 10 MINUTEN
GAREN: 15 MINUTEN

27 RIGATONI *mediterran*

1 Zwiebel + 2 Auberginen + 1 EL Olivenöl → goldbraun braten

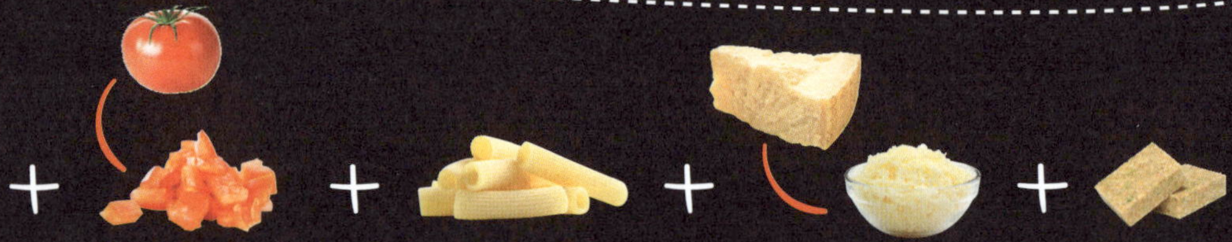

+ 3 Tomaten + 250 g Rigatoni + 50 g vegetarischer Parmesan + 1 Würfel Gemüsebrühe

+ 700 ml Wasser → Deckel auflegen, zum Kochen bringen + nur wenig umrühren → Deckel auflegen, ruhen lassen

+ 20 g vegetarischer Parmesan + einige Mozzarellawürfel

FÜR 4 PERSONEN

VORBEREITEN: 10 MINUTEN

GAREN: 22 MINUTEN

28 DUMPLINGS

mit Gemüsefüllung

1 kleiner Kopf Chinakohl + 1 Karotte + (1 Handvoll Sojasprossen → mit heißem Wasser abspülen)

+ 1 EL Sonnenblumenöl → schwache Hitze + 1 EL Currypulver +

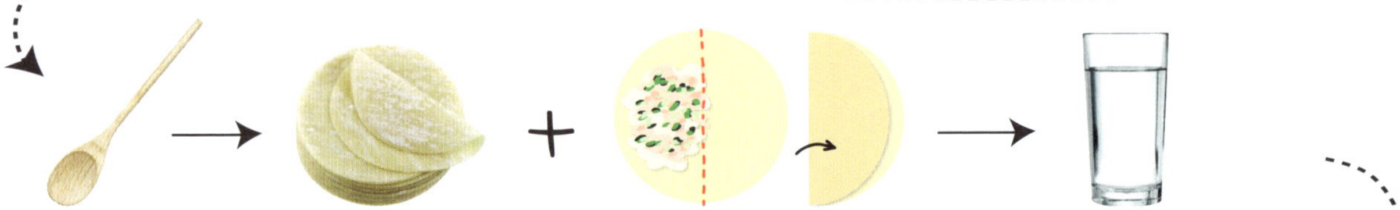

→ 20 Wonton-Teigblätter + eine Hälfte füllen, über die andere falten → Ränder anfeuchten und fest zusammendrücken

(Backpapier, perforiert + dämpfen)

FÜR 20 NUDELTASCHEN
VORBEREITEN: 30 MINUTEN
GAREN: 20 MINUTEN

29 NUDELTOPF

mit grünem Spargel und Tomaten

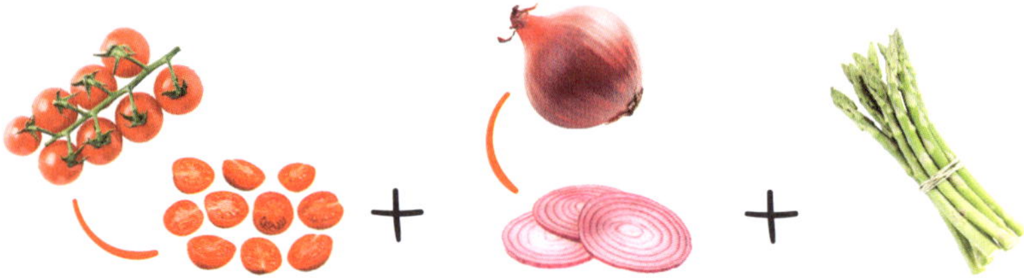

300 g Kirschtomaten + 1 rote Zwiebel + 150 g grüner Spargel

+ 1 Knoblauchzehe + 10 entsteinte schwarze Oliven + 250 g Pasta Riccia oder Linguine

+ 2 EL Olivenöl + 1 TL grobes Salz + 750 ml Wasser

mittlere Hitze + 40 g vegetarischer Parmesan + 1 Handvoll Basilikumblätter + 1 Schuss Olivenöl

FÜR 4 PERSONEN
VORBEREITEN: 10 MINUTEN
GAREN: 15 MINUTEN

30 FUSILLI

mit Shiitakepilzen

FÜR 4 PERSONEN

VORBEREITEN: 10 MINUTEN

GAREN: 10 MINUTEN

31 HÖRNCHENNUDELN
mit Zucchini und Kirschtomaten

FÜR 4 PERSONEN

VORBEREITEN: 10 MINUTEN

GAREN: 12 MINUTEN

32 FARFALLE

mit zweierlei Erbsen

FÜR 4 PERSONEN
VORBEREITEN: 10 MINUTEN
GAREN: 12 MINUTEN

33 BUNTE GEMÜSEPLATTE
mit Tofu aus dem Ofen

1 Brokkoli

+

2 Karotten

+

300 g Sojasprossen

+

400 g Räuchertofu

+

+

3 EL Sojasauce

+

1 Schuss Olivenöl

+

3 EL Sesam

→

Backofen 190 °C
(Ober-/Unterhitze)

FÜR 4 PERSONEN

VORBEREITEN: 10 MINUTEN

GAREN: 20 MINUTEN

34 GEFÜLLTE TOMATEN
mit Reis

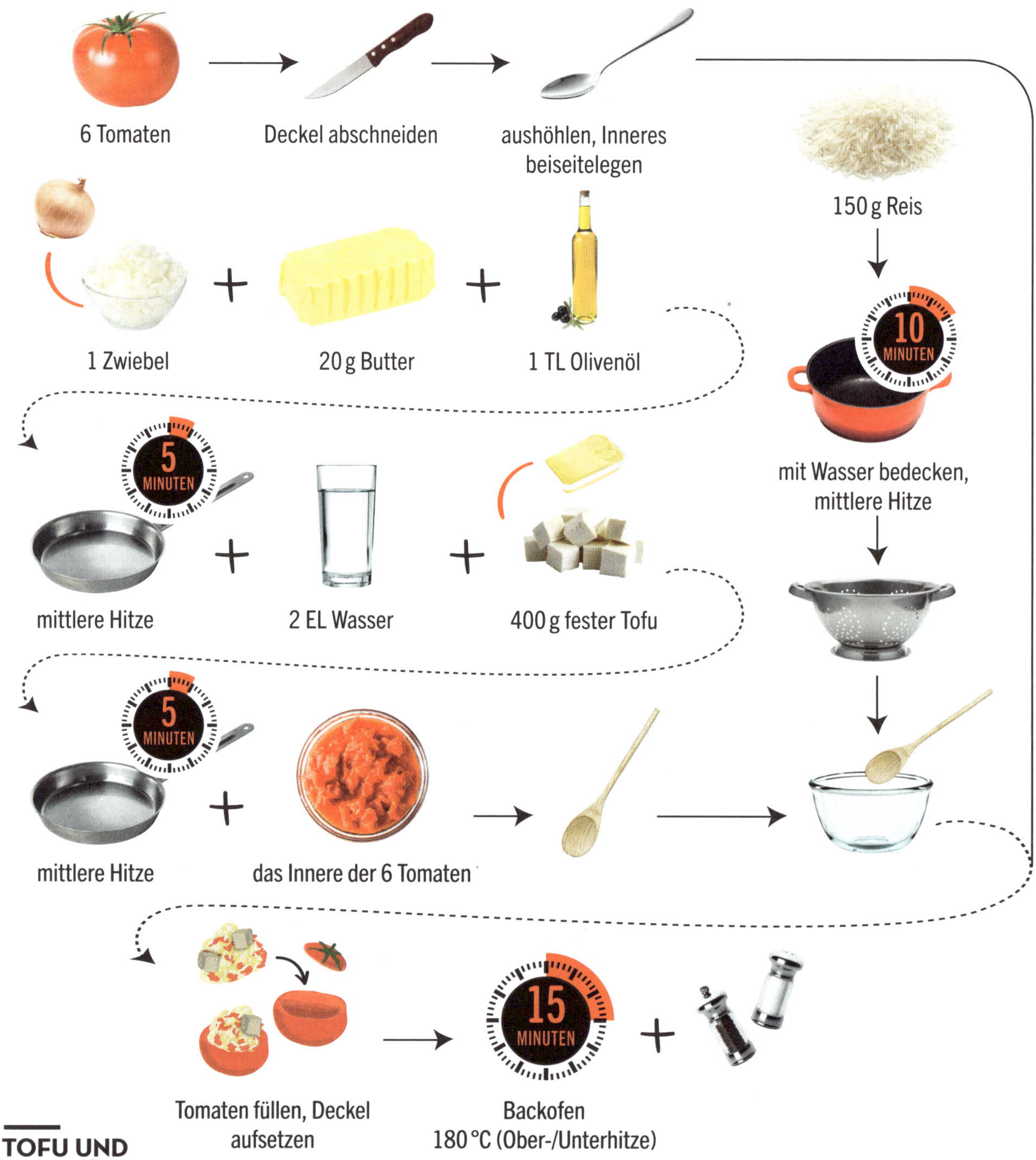

FÜR 4 PERSONEN
VORBEREITEN: 15 MINUTEN
GAREN: 25 MINUTEN

35 WEISSE BOHNEN

mit Räuchertofu

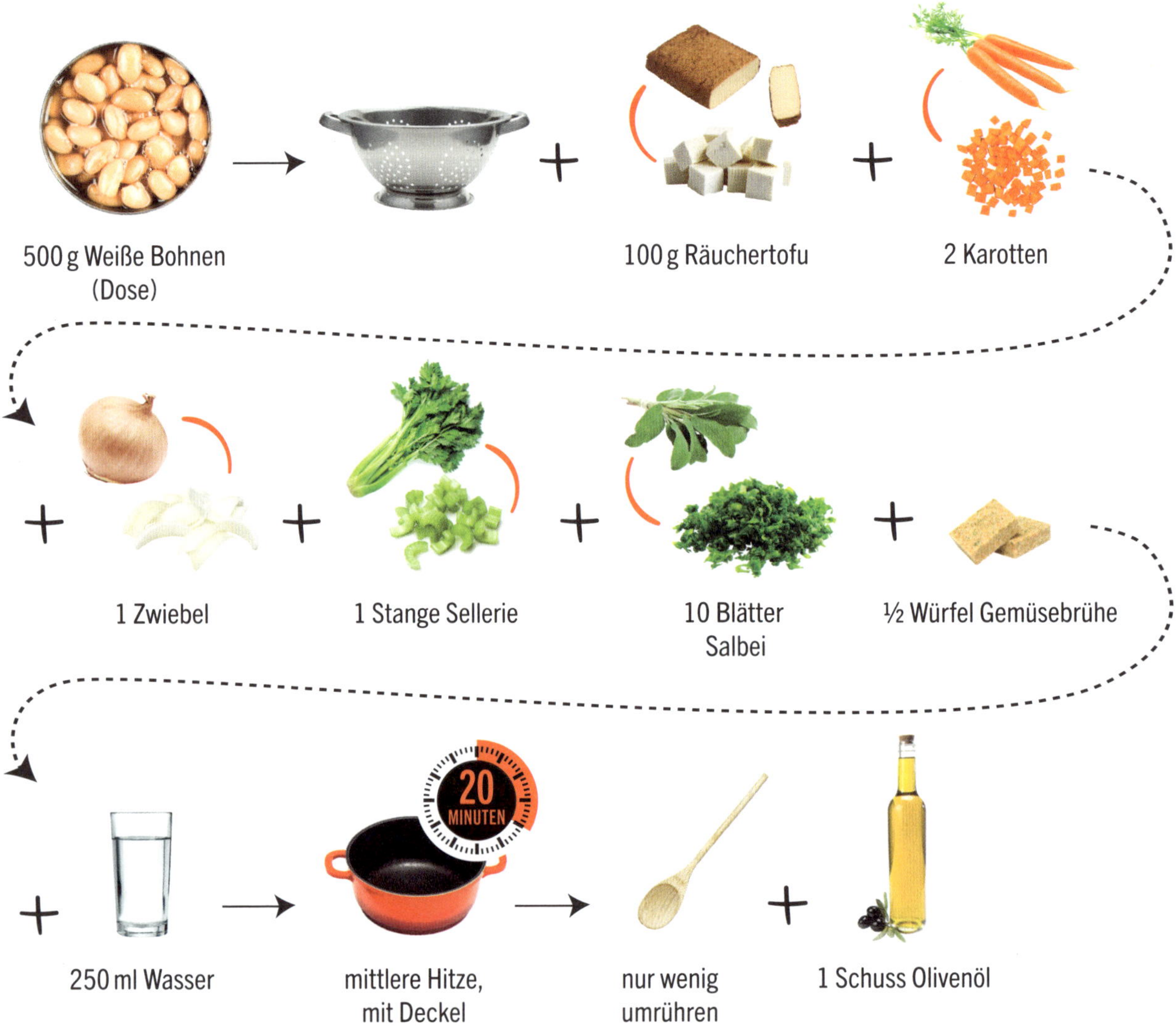

FÜR 4 PERSONEN
VORBEREITEN: 15 MINUTEN
GAREN: 20 MINUTEN

36 TOFUPFANNE
mit Avocado und Karotten

FÜR 4 PERSONEN

VORBEREITEN: 15 MINUTEN

MARINIEREN: 15 MINUTEN

GAREN: 10 MINUTEN

37

GRÜNES CURRY
mit Tofu

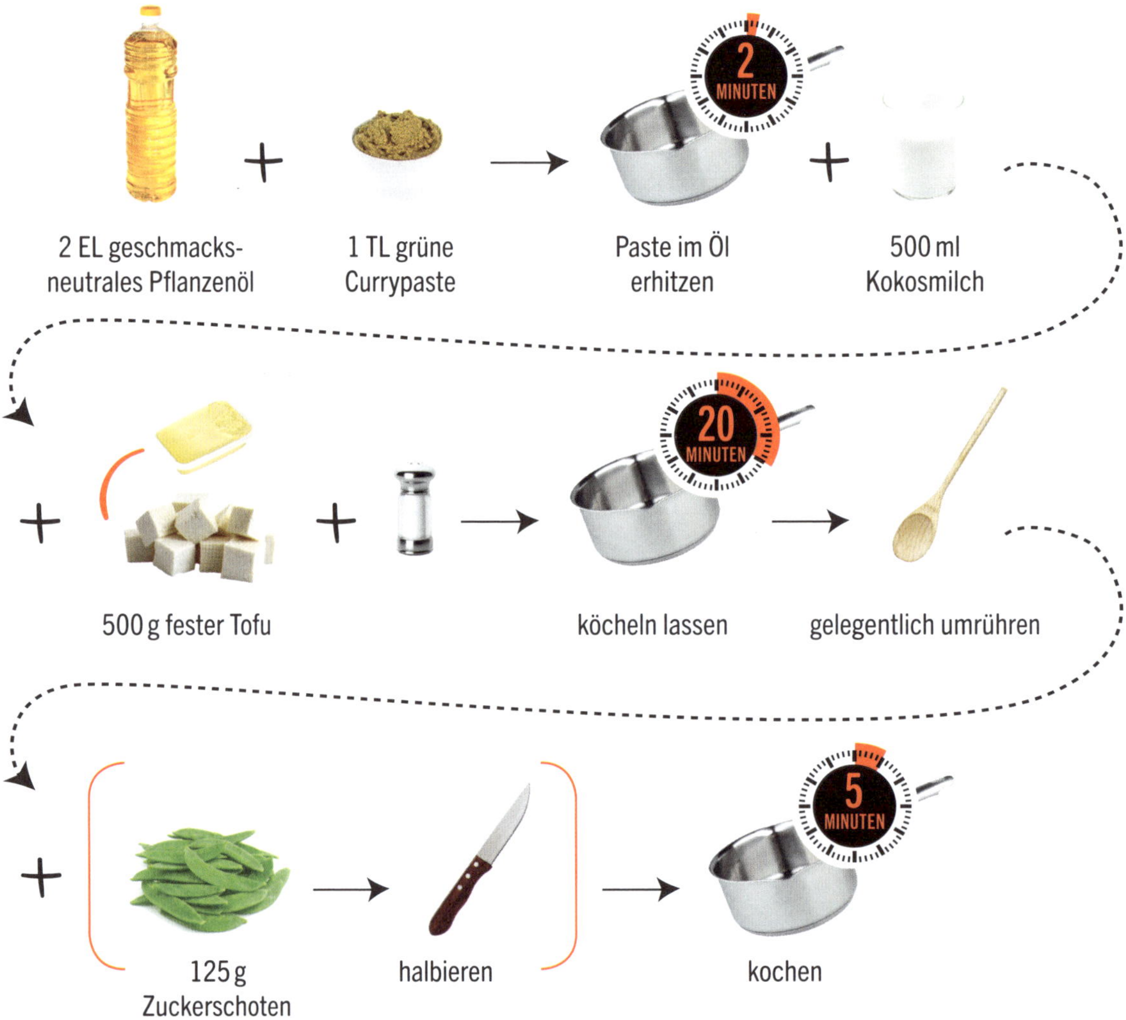

FÜR 4 PERSONEN

VORBEREITEN: 10 MINUTEN

GAREN: 27 MINUTEN

38 AUBERGINENEINTOPF

mit Kichererbsen

2 große Auberginen + 1 TL getrockneter Thymian + 1 Schuss Olivenöl → starke Hitze

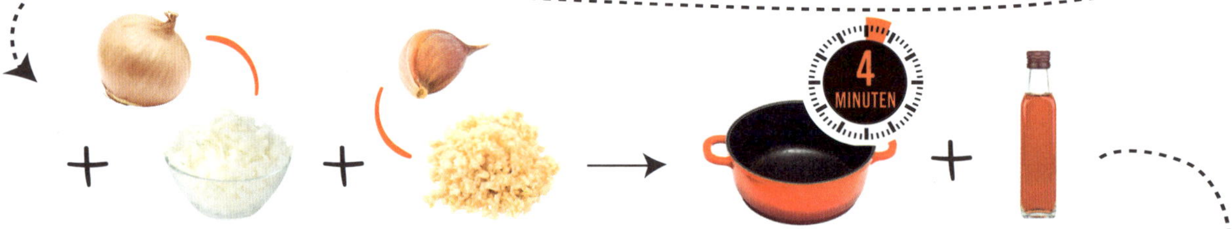

+ 1 kleine Zwiebel + 2 Knoblauchzehen → mittlere Hitze + 2 EL Weinessig

Bodensatz loskochen + 2 EL Zucker + 400 g Kichererbsen (Glas) → abspülen

+ 400 g stückige Tomaten (Dose) → mit Deckel köcheln lassen + einige Tropfen Olivenöl + 2 EL gehackte Petersilie

FÜR 4 PERSONEN

VORBEREITEN: 15 MINUTEN

GAREN: 30 MINUTEN

39 BRÜHE MIT TOFU,
Ingwer und Champignons

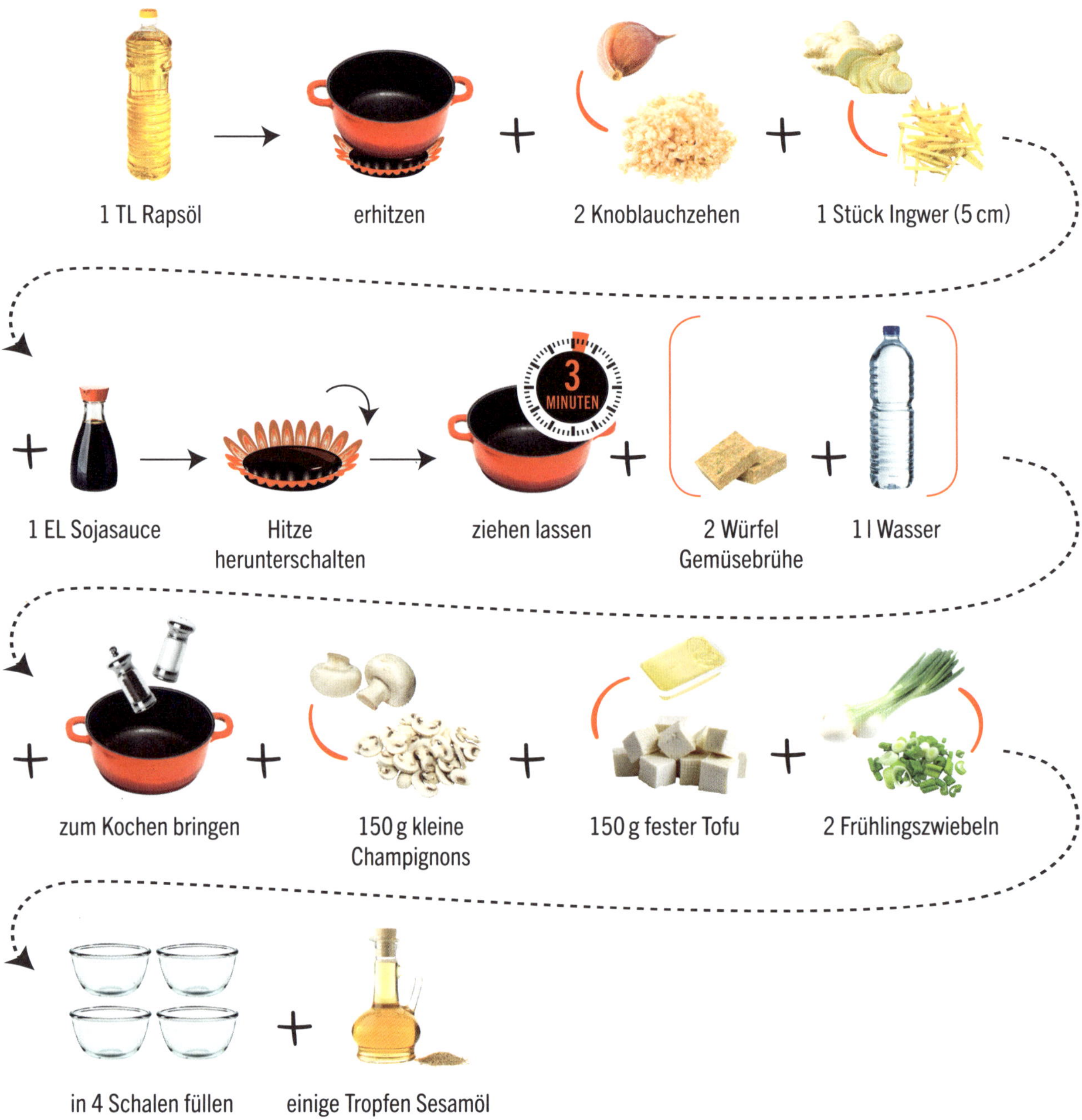

FÜR 4 PERSONEN
VORBEREITEN: 15 MINUTEN
GAREN: 10 MINUTEN

40 KÜRBISSUPPE

mit Esskastanien und Tofu

FÜR 4 PERSONEN

VORBEREITEN: 20 MINUTEN

GAREN: 30 MINUTEN

41

DAL
mit roten Linsen

300 g rote Linsen → kochendes Wasser → → wieder in den Topf geben

+ 200 ml Kokoscreme + 1 Zwiebel + 1 TL gemahlener Kreuzkümmel + 150 g Kirschtomaten

schwache Hitze, rühren + gegebenenfalls etwas Wasser + + mit 150 g Kirschtomaten servieren

FÜR 4 PERSONEN

VORBEREITEN: 10 MINUTEN

GAREN: 25 MINUTEN

42 TOMATENTARTE
mit Rosmarin

6 Tomaten + ½ Karotte + 2 TL Olivenöl → starke Hitze

+ 3 EL Balsamico-Essig + 1 TL Rohrohrzucker → → köcheln lassen

Form ausbuttern, Boden mit Karotten und Tomaten belegen + + 1 Zweig Rosmarin + mit 1 Rolle Blätterteig (280 g, Kühlregal) bedecken, Rand einschlagen

Backofen 180 °C (Ober-/Unterhitze)

FÜR 4 PERSONEN

VORBEREITEN: 15 MINUTEN

GAREN: 38 MINUTEN

43 ZIEGENKÄSETARTE

mit Rucola und Pinienkernen

1 Rolle Mürbeteig (280 g, Kühlregal)

ausbuttern

einstechen

Backpapier

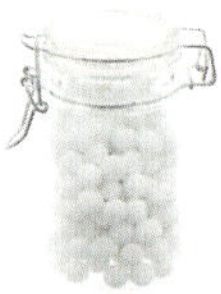

Hülsenfrüchte zum Blindbacken

Backofen 160 °C (Ober-/Unterhitze); Hülsenfrüchte danach entfernen

100 g Rucola auf dem Teig verteilen

150 ml Milch

150 g Sahne

3 Eier

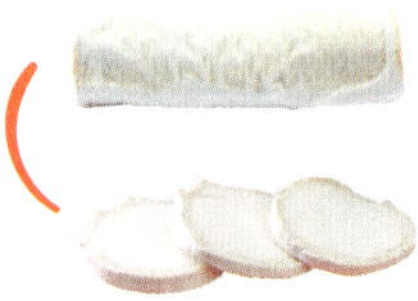

250 g Ziegenweichkäse

40 g Pinienkerne

Backofen 160 °C (Ober-/Unterhitze)

FÜR 4–6 PERSONEN
VORBEREITEN: 20 MINUTEN
GAREN: 1 STUNDE

44 ZUCCHINIPASTETE

mit Feta und Minze

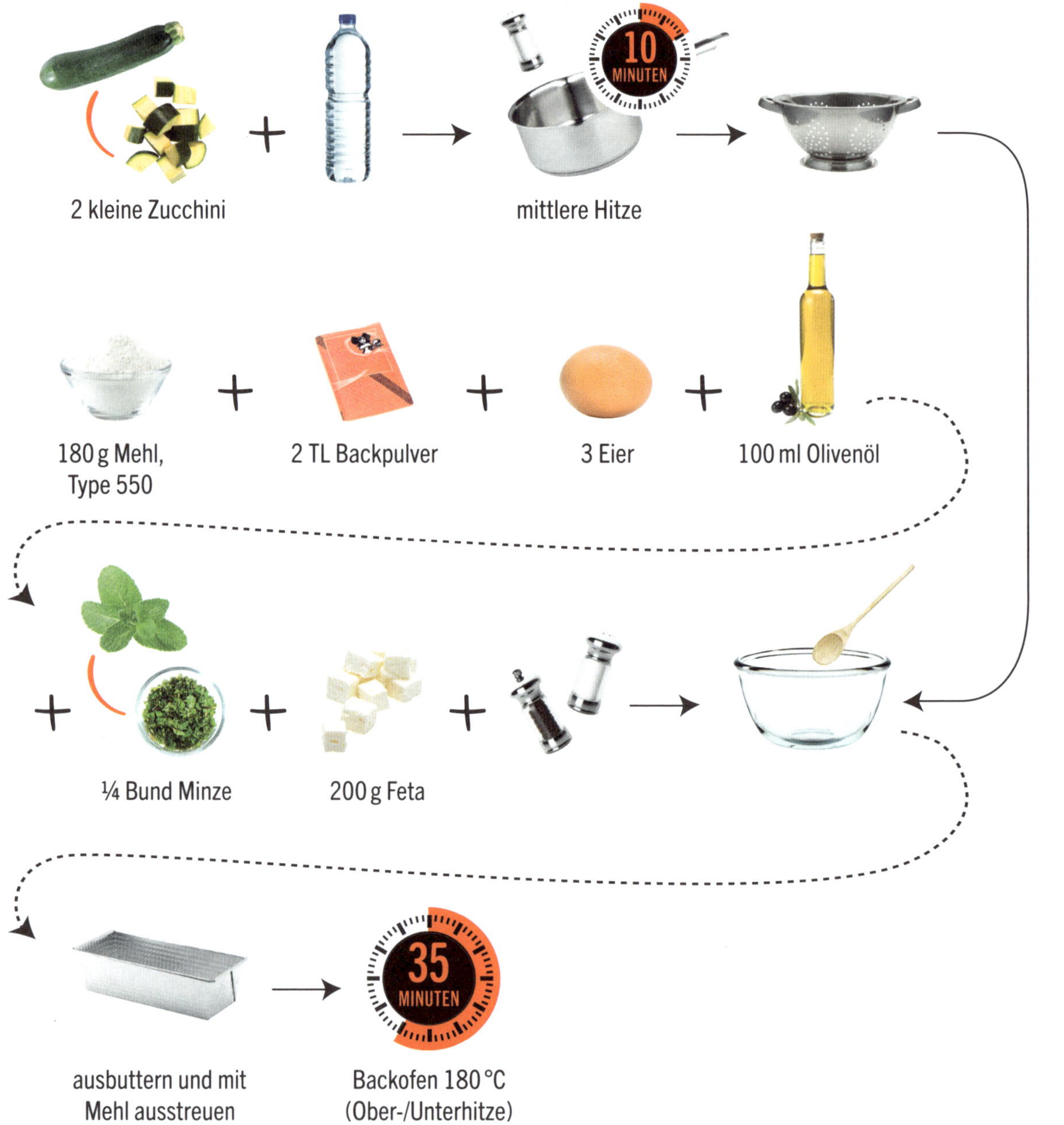

FÜR 6 PERSONEN

VORBEREITEN: 15 MINUTEN

GAREN: 45 MINUTEN

45 QUICHE

mit Frühlingsgemüse

FÜR 6 PERSONEN

VORBEREITEN: 25 MINUTEN

GAREN: 42 MINUTEN

46 QUICHE
mit Sommergemüse

2 rote Paprikaschoten + 15 Kirschtomaten →

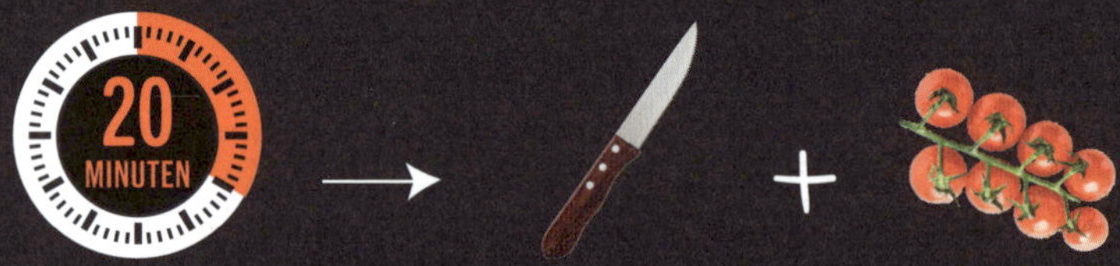

Backofen 200 °C (Ober-/Unterhitze), bis die Haut Blasen wirft → Paprikaschoten in Stücke schneiden + gebackene Tomaten

4 Eier + 400 g Crème fraîche + →

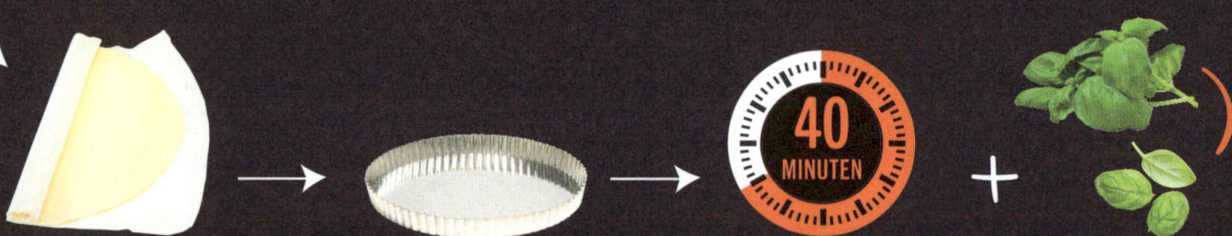

1 Rolle Mürbeteig (280 g, Kühlregal) → ausbuttern → Backofen 180 °C (Ober-/Unterhitze) + einige Blätter Basilikum

FÜR 6 PERSONEN

VORBEREITEN: 15 MINUTEN

GAREN: 1 STUNDE

47 PAPRIKAPASTETE
mit Mimolette

2 Paprikaschoten + 1 Schuss Olivenöl →

3 Eier + 3 EL Olivenöl + 2 EL Milch + 200 g Mehl + 3 TL Backpulver

+ 120 g Mimolette (franz. Hartkäse) + einige Zweige Thymian + →

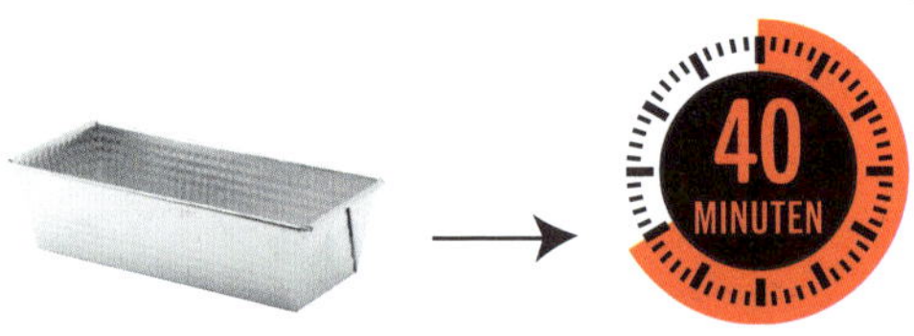

ausbuttern und mit Mehl ausstreuen → Backofen 180 °C (Ober-/Unterhitze)

FÜR 4 PERSONEN

VORBEREITEN: 15 MINUTEN

GAREN: 55 MINUTEN

48 TARTE

mit jungem Gemüse

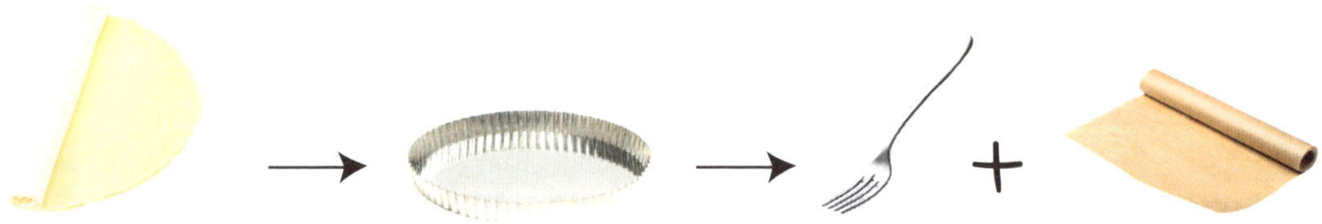

1 Rolle Mürbeteig (280 g, Kühlregal) → ausbuttern → einstechen + Backpapier

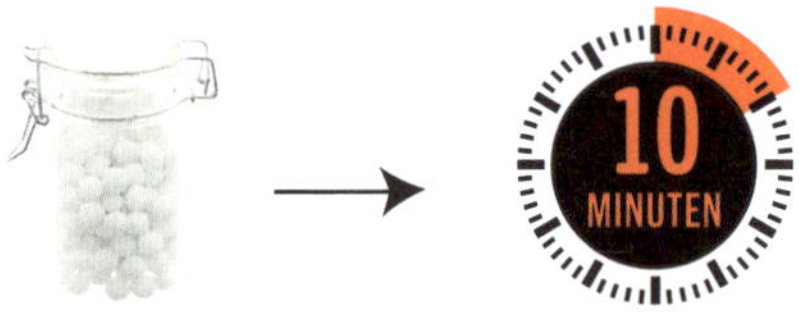

\+ Hülsenfrüchte zum Blindbacken → Backofen 180 °C (Ober-/Unterhitze); Hülsenfrüchte danach entfernen

350 g gemischtes junges Gemüse, in Stücke geschnitten

→ in kochendem Wasser bissfest garen →

3 Eier + 200 g Crème fraîche + Blätter von 1 Stängel frischem Oregano → 90 g geriebener Käse

Backofen 180 °C (Ober-/Unterhitze)

FÜR 4–6 PERSONEN

VORBEREITEN: 15 MINUTEN

GAREN: 45 MINUTEN

49 KARTOFFELTARTE
mit Gorgonzola

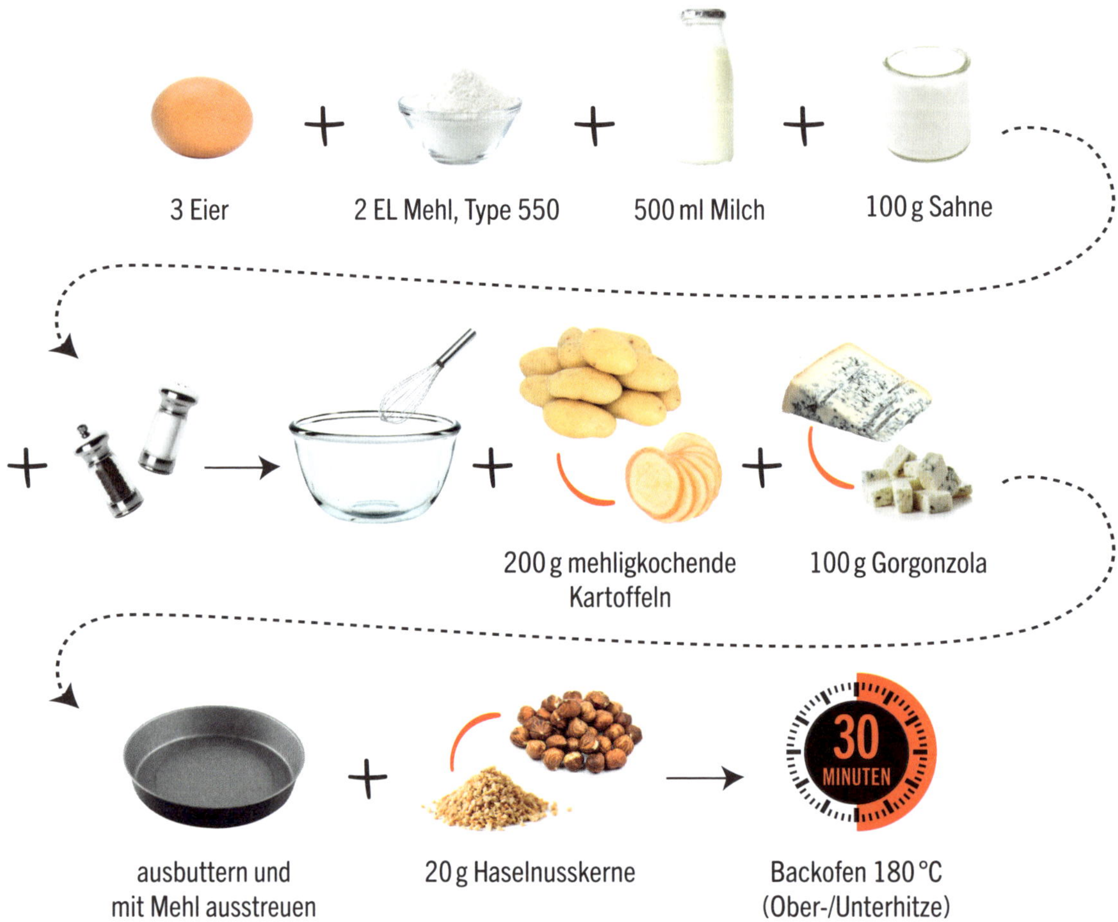

FÜR 4 PERSONEN

VORBEREITEN: 15 MINUTEN

GAREN: 30 MINUTEN

50 PASTINAKENAUFLAUF

mit Haselnusskernkruste

1 kg Pastinaken

mit etwas Wasser dünsten

zerdrücken

500 g Crème fraîche

1 EL Currypulver

1 Knoblauchzehe

ausbuttern

125 g Haselnusskerne

Backofen 200 °C (Ober-/Unterhitze)

FÜR 4 PERSONEN

VORBEREITEN: 10 MINUTEN

GAREN: 20 MINUTEN

51 MEDITERRANES GEMÜSE
mit Mozzarella

1 Zucchini

+

4 Tomaten

+

2 Kugeln Mozzarella

1 Knoblauchzehe

→

mit Knoblauch einreiben,
dann die Scheiben einschichten

+

+

1 Schuss Olivenöl

+

einige Zweige
Thymian

→

Backofen 180 °C
(Ober-/Unterhitze)

FÜR 4 PERSONEN

VORBEREITEN: 15 MINUTEN

GAREN: 40 MINUTEN

52 KÜRBISGRATIN
mit Koriandergrün

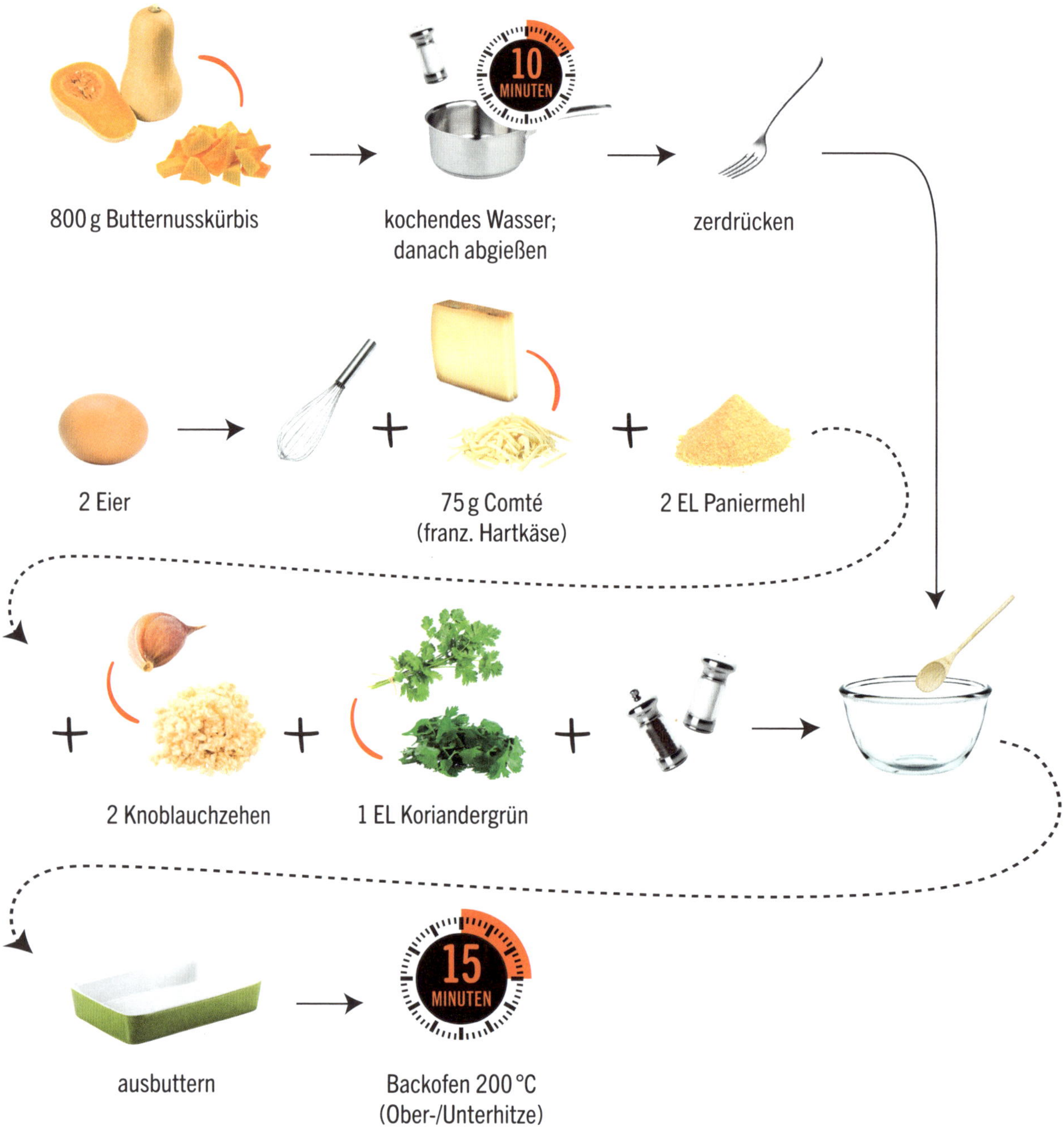

FÜR 4 PERSONEN
VORBEREITEN: 15 MINUTEN
GAREN: 25 MINUTEN

53 SÜSSKARTOFFELN

aus dem Ofen gefüllt mit Feta

100 g Feta → zerdrücken + 3 Zweige Thymian + 2 TL Paprikapulver edelsüß

2 Süßkartoffeln → der Länge nach halbieren → Süßkartoffeln belegen (Reihenfolge wie oben)

→ 3 EL Olivenöl → Backofen 200 °C (Ober-/Unterhitze)

FÜR 4 PERSONEN

VORBEREITEN: 10 MINUTEN

GAREN: 40 MINUTEN

54 PIPERADE

auf baskische Art

4 Paprikaschoten + 1 Zwiebel + 2 EL Olivenöl

mittlere Hitze + 300 g Passata + 4 Eier auf die Oberfläche schlagen

mittlere Hitze, bis die Eier gestockt sind + + 5 Stängel Petersilie

FÜR 4 PERSONEN
VORBEREITEN: 10 MINUTEN
GAREN: 25 MINUTEN

55 SÜSSKARTOFFELGRATIN
mit Kokos und Ingwer

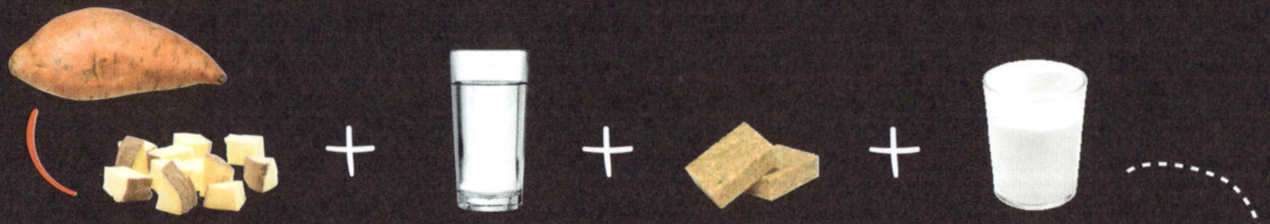

1 kg Süßkartoffeln + 200 ml Wasser + 1 Würfel Gemüsebrühe + 400 ml Kokosmilch

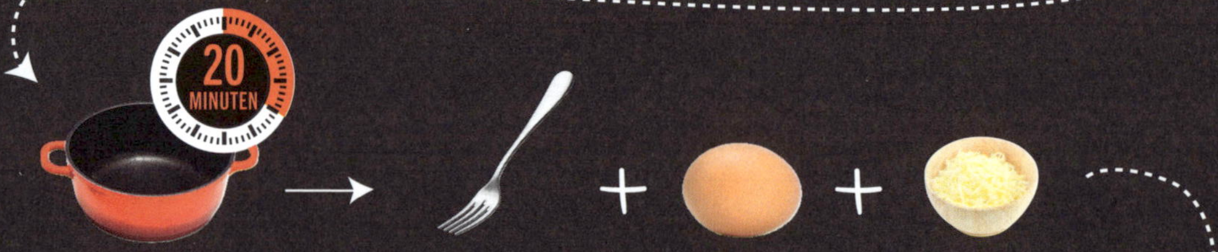

mittlere Hitze → zerdrücken + 3 Eier + 100 g geriebener Käse

+ 1 TL gemahlener Ingwer + → → ausbuttern

+ 100 g geriebener Käse → Backofen 200 °C (Ober-/Unterhitze) → Backofengrill + einige Stängel Schnittlauch

FÜR 4 PERSONEN

VORBEREITEN: 15 MINUTEN

GAREN: 40 MINUTEN

56 BROKKOLIGRATIN
mit Käse

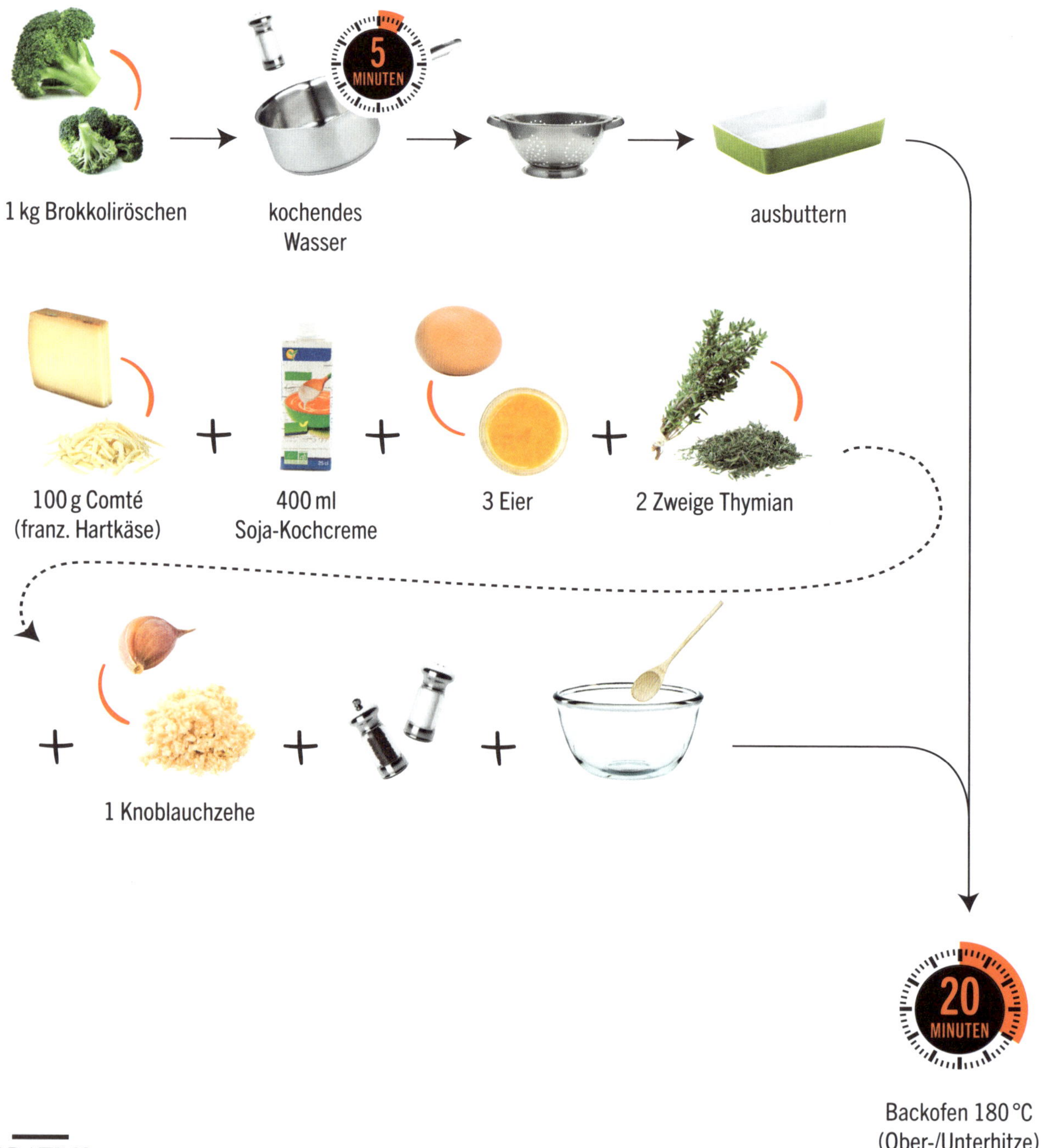

FÜR 4 PERSONEN

VORBEREITEN: 10 MINUTEN

GAREN: 25 MINUTEN

57 SCHOKOLADENCREME
mit Seidentofu

200 g Schokolade →

hacken →

über einem Wasserbad schmelzen

\+

400 g Seidentofu →

cremig rühren →

Mixer

\+

Abrieb und Saft von 1 Bio-Orange →

→

in 4 Souffléformen füllen

bis zum Servieren im Kühlschrank fest werden lassen

FÜR 4 PERSONEN
VORBEREITEN: 15 MINUTEN
GAREN: 5 MINUTEN
KÜHLEN: 2 STUNDEN

58 SAGOSPEISE

mit Zitrusfrüchten

FÜR 4 PERSONEN
VORBEREITEN: 15 MINUTEN
GAREN: 20 MINUTEN

59 ENERGIEKÜGELCHEN

im Kokosmantel

FÜR 16 KUGELN
VORBEREITEN: 25 MINUTEN
EINWEICHEN: 30 MINUTEN

60 ANANASCRUMBLE

auf karibische Art

2 Karotten

grob zerkleinern

+ 

150 g Mehl, Type 405

+ 

50 g gemahlene Mandeln

+ 

25 g Rohrohrzucker

+ 

1 Pck. Vanillezucker

+ 

125 g Joghurt aus Ziegenmilch

+ 

1 EL Haselnussöl

zu einer Streuselmasse vermengen

400 g Ananas

ausbuttern, Streusel auf der Ananas verteilen

Backofen 180 °C (Ober-/Unterhitze)

FÜR 4 PERSONEN

VORBEREITEN: 15 MINUTEN

GAREN: 30 MINUTEN

61 QUINOASCHNITTEN

mit Honig

110 g Erdnussmus + 160 g Honig + 40 g gesalzene Butter → über einem Wasserbad schmelzen

vom Herd nehmen + 100 g gepuffte Quinoa → gut verrühren → [Backpapier +]

ins Gefrierfach + [100 g Zartbitterschokolade → über einem Wasserbad schmelzen] → auf die Quinoa streichen

+ 1 Handvoll Pistazienkerne → im Kühlschrank fest werden lassen → in Stücke schneiden

FÜR 20 STÜCK

VORBEREITEN: 10 MINUTEN

GAREN: 5 MINUTEN

WARTEN: 75 MIN

62 BEERENCRUMBLE

mit Hirse und Mandeln

75 g Hirsemehl

+

75 g Rohrohrzucker

+

80 g weiche Butter

+

70 g gemahlene Mandeln

+

100 g Buchweizen- oder Haferflocken

+

1 Prise Fleur de sel

→

zu einer Streuselmasse vermengen

4 EL Ahornsirup

+

½ TL gemahlener Zimt

+

400 g gemischte Beeren (frisch oder TK)

→

schwache Hitze

ausbuttern, Streusel auf den Früchten verteilen

→

Backofen 180 °C (Ober-/Unterhitze)

FÜR 4–6 PERSONEN

VORBEREITEN: 20 MINUTEN

GAREN: 20 MINUTEN

63 SCHOKOLADENKUCHEN

mit Molkenkäse und Joghurt

FÜR 4 PERSONEN

VORBEREITEN: 10 MINUTEN

GAREN: 25 MINUTEN

64 FINANCIERS

mit Butternusskürbis

30 g Butter

→

mittlere Hitze, hell bräunen

+

150 g Butternusskürbispüree

+

120 g Rohrohrzucker

+

1 EL Crème fraîche

+

80 g gemahlene Mandeln

+

15 g Mehl, Type 405

+

+

½ TL Natron

+

2 Eiweiß, zu Eischnee geschlagen

→

ausbuttern

+

15 g Schokotröpfchen

Backofen 180 °C (Ober-/Unterhitze)

FÜR 7 STÜCK

VORBEREITEN: 25 MINUTEN

GAREN: 35 MINUTEN

65 APFELKUCHEN

mit Zucchini

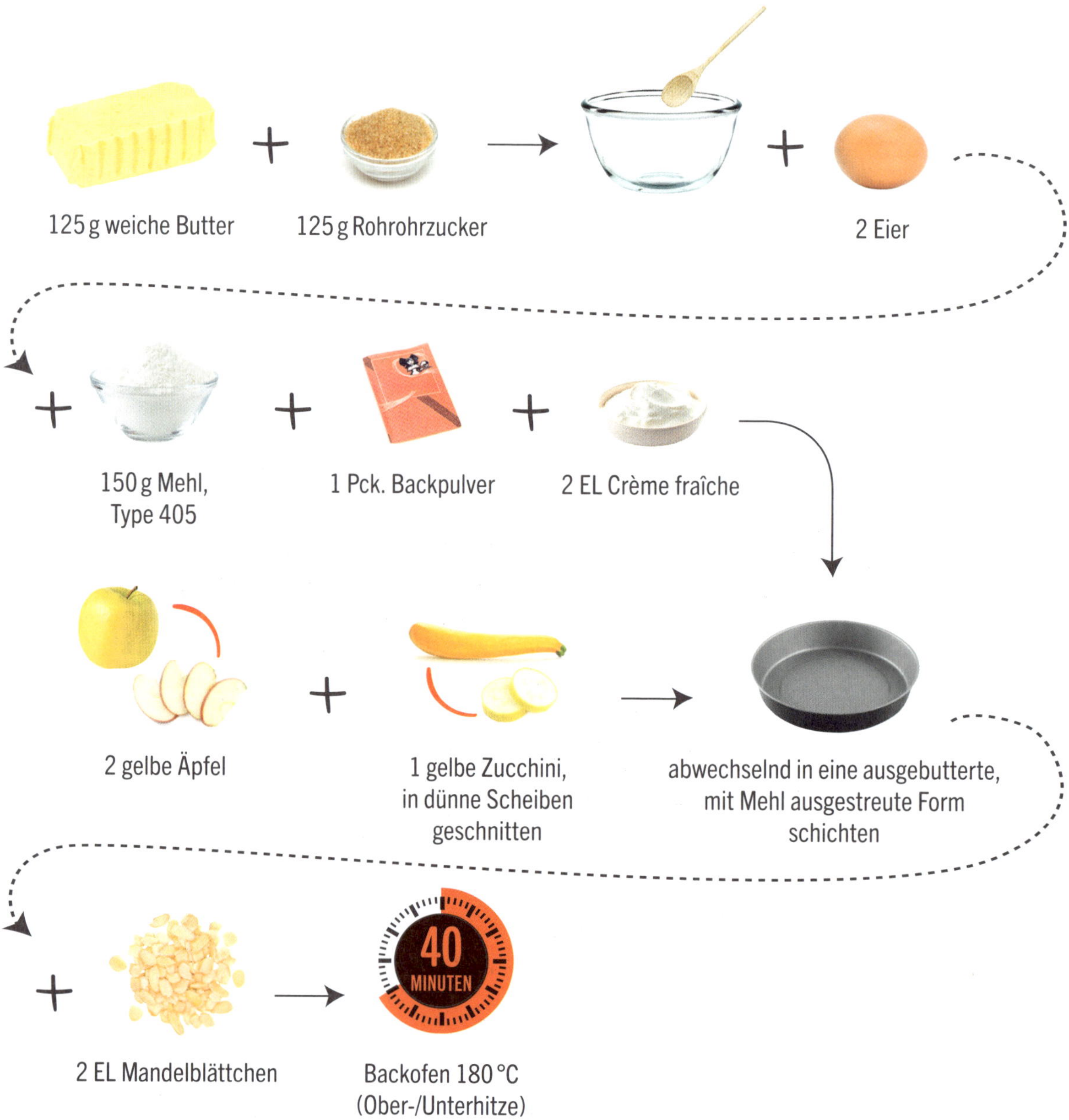

FÜR 4 PERSONEN

VORBEREITEN: 15 MINUTEN

GAREN: 40 MINUTEN

Einkaufslisten

01

AVOCADOCREME

mit Cashewkernen und Basilikum

2 Knoblauchzehen
50 g Cashewkerne
1 Schuss Olivenöl
60 g vegetarischer Parmesan
1 reife Avocado
15 Blätter Basilikum
1 Schuss Zitronensaft
Fleur de sel

02

ARTISCHOCKEN-CREME

mit eingelegter Zitrone

20 g Pinienkerne
400 g Artischockenböden (Dose)
½ Zitrone
4 EL Olivenöl
½ eingelegte Zitrone (Glas)

03

CHIPS

aus buntem Gemüse

1 Rübchen (Navette)
1 Pastinake
1 Süßkartoffel
1 Knolle Rote Bete
Öl zum Frittieren

04

KICHERERBSEN

pikant gewürzt

800 g Kichererbsen (Glas)
4 TL Paprikapulver edelsüß
2 EL Olivenöl

05

BUCHWEIZENBÄLLCHEN

mit Karotten und Koriander

100 g Buchweizenflocken
150 ml Milch
2 Karotten
1 EL milde Chilisauce, plus mehr zum Servieren
1 EL Chilisauce, plus mehr zum Servieren
5 Stängel Koriandergrün

06

BLUMENKOHLFLADEN

mit Tomaten

1 Kopf Blumenkohl
1 Ei | 3 Tomaten
1 EL Olivenöl
4 Zweige Thymian

07

FOUGASSE

mit Oliven

250 g Mehl, Type 550
1 TL Trockenhefe
3 EL Öl
100 g entsteinte Oliven
1 Zweig Rosmarin

08

MOZZARELLASPIESSCHEN

mit Tomaten und Oliven

16 Minikugeln Mozzarella
30 g Sesam | 30 g Leinsamen
je 4 entsteinte grüne und schwarze Oliven
16 Kirschtomaten

09

TABOULÉ

mit Gemüse und Sesam

1 kleine Salatgurke
300 g Kirschtomaten
3 Zwiebeln
½ Bund Minze | ½ Bund Koriandergrün
300 g vorgegarter Couscous
4 EL Olivenöl
2 EL Sesam

10

WASSERMELONENSALAT

mit Gurke und Feta

¼ Wassermelone
1 kleine Salatgurke
200 g Feta
Vinaigrette (Olivenöl, Senf, Zitronensaft)
3 Stängel Basilikum
1 Handvoll entsteinte schwarze Oliven
½ rote Zwiebel | 1 Bio-Zitrone

11

KÜRBISSALAT

mit Nusskernen und Cranberrys

800 g Butternusskürbis
100 g Pekannusskerne
60 g Cranberrys
500 g Rucola
Vinaigrette (Olivenöl und Balsamico-Essig)

12

BUCHWEIZENSALAT
mit Paprikaschoten

150 g Buchweizen
je 1 rote und gelbe Paprikaschote
10 Blätter Basilikum
Vinaigrette (Olivenöl, Senf, Zitronensaft)

13

WARMER SALAT
mit Stangenbohnen und Avocados

200 g junge Erbsen
250 g grüne Stangenbohnen
3 Knoblauchzehen
1 Schuss Sesamöl
2 Avocados
10 Stängel Schnittlauch
1 EL Crème fraîche

14

WEISSE-BOHNEN-SALAT
mit Karotten

500 g Weiße Bohnen (Dose)
3 Karotten
2 Frühlingszwiebeln
1 EL gehackte Petersilie
1 EL gehacktes Koriandergrün
1 EL Kapern
Vinaigrette (Olivenöl und Apfel- oder Weinessig)

15

QUINOASALAT
mit Tomaten und Feta

200 g Quinoa | 200 g Feta
2 gelbe Tomaten
2 EL entsteinte grüne Oliven
4 Stängel Minze
4 EL Olivenöl

16

LINSENSALAT
mit gekochten Eiern

4 Eier
300 g vorgegarte Tellerlinsen
3 Karotten
einige Salatblätter | 30 Walnusskerne
einige Stängel Petersilie
Vinaigrette (Walnussöl und Apfel- oder Weinessig)

17

REIS MIT ZUCCHINI
und Kochbananen

80 g Cashewkerne
2 EL Sesamöl
1 Zwiebel
400 g Zucchini | 200 g Kochbananen
200 g Basmatireis
1 TL gemahlene Kurkuma

18

RISOTTO
mit Zucchini

2 Schalotten
2 EL Olivenöl
150 g Risottoreis
150 ml Weißwein | 500 ml Gemüsebrühe
2 kleine Zucchini
40 g vegetarischer Parmesan
Schnittlauch

19

PIKANTER BULGUR
mit Karotten und Erbsen

4 Karotten | 1 Zwiebel
1 EL Olivenöl
100 g Bulgur
100 g junge Erbsen (frisch oder TK)
200 ml Gemüsebrühe
1 EL Ras el-Hanout
2 EL Tomatencoulis (frisch pürierte Tomaten)
einige Stängel Koriandergrün

20

QUINOAPUFFER
mit Lauch

200 g Quinoa
2 Stangen Lauch
2 EL Olivenöl
1 Ei
einige Stängel Schnittlauch

21

QUINOAPFANNE
mit Bohnen, Erbsen und Eiern

200 g junge Erbsen
200 g Dicke Bohnen (Glas)
1 Zwiebel
250 g Quinoa | 100 g Feta
4 Eier
einige Stängel Schnittlauch

22

BULGURSALAT
mit grünem Spargel

1 Bund grüner Spargel
2 rote Zwiebeln
1 Schuss Olivenöl
120 g Bulgur
1 Würfel Gemüsebrühe
12 Kirschtomaten
1 EL Mandelblättchen
2 EL gehacktes Basilikum

23

PROVENZALISCHE SUPPE
mit Einkorn

200 g Einkorn
1 Stange Lauch, nur der weiße Teil

Einkaufslisten

1 EL Olivenöl
1 Knolle Fenchel
2 Tomaten
einige Blätter Basilikum

24

GRAUPENSUPPE
mit Wintergemüse

1 Karotte
1 Pastinake
1 vorwiegend festkochende Kartoffel
1 Rübchen (Navette)
1 Zwiebel
1 Stange Lauch
1 Würfel Gemüsebrühe
1 EL getrockneter Thymian
150 g Perlgraupen

25

SOBA-NUDELN
mit Champignons

250 g kleine Champignons oder Shiitakepilze
1 Zwiebel
1 EL Sesamöl
300 g Soba-Nudeln (jap. Weizennudeln)
100 ml Sojasauce
100 g Zuckerschoten
2 Karotten
2 EL Sesam
Koriandergrün

26

NUDELTOPF
mit Tomaten und Zucchini

1 kleine Zucchini
1 Zwiebel
2 Knoblauchzehen
200 g Kirschtomaten
4 Stängel Basilikum
250 g Vollkorn-Linguine
1 kleine rote Chilischote
4 EL Olivenöl
1 Würfel Gemüsebrühe
40 g vegetarischer Parmesan

27

RIGATONI
mediterran

1 Zwiebel
2 Auberginen
1 EL Olivenöl
3 Tomaten
250 g Rigatoni
70 g vegetarischer Parmesan
1 Würfel Gemüsebrühe
einige Mozzarellawürfel

28

DUMPLINGS
mit Gemüsefüllung

1 kleiner Kopf Chinakohl
1 Karotte
1 Handvoll Sojasprossen
1 EL Sonnenblumenöl
1 EL Currypulver
20 Wonton-Teigblätter

29

NUDELTOPF
mit grünem Spargel und Tomaten

300 g Kirschtomaten
1 rote Zwiebel
150 g grüner Spargel
1 Knoblauchzehe
10 entsteinte schwarze Oliven
250 g Pasta Riccia oder Linguine
2 EL Olivenöl, plus 1 Schuss
1 TL grobes Salz
40 g vegetarischer Parmesan
1 Handvoll Basilikumblätter

30

FUSILLI
mit Shiitakepilzen

250 g Fusilli
2 Schalotten | 1 Schuss Olivenöl
250 g Shiitakepilze
150 g Sahne
vegetarischer Parmesan
Petersilie

31

HÖRNCHENNUDELN
mit Zucchini und Kirschtomaten

200 g Hörnchennudeln (Dinkel oder Vollkorn)
2 Zucchini
1 EL Olivenöl
100 g Doppelrahmfrischkäse mit Knoblauch
10 Kirschtomaten
1 EL Kürbiskerne

32

FARFALLE
mit zweierlei Erbsen

150 g Farfalle
2 Zwiebeln | 2 EL Olivenöl
1 Handvoll Haselnusskerne
2 EL Pinienkerne
200 g junge Erbsen (frisch oder TK)
200 g Kichererbsen (Glas)
5 EL Soja-Kochcreme

33

BUNTE GEMÜSEPLATTE
mit Tofu aus dem Ofen

1 Brokkoli | 2 Karotten
300 g Sojasprossen
400 g Räuchertofu
3 EL Sojasauce
1 Schuss Olivenöl
3 EL Sesam

34

GEFÜLLTE TOMATEN
mit Reis

6 Tomaten
150 g Reis
1 Zwiebel
20 g Butter | 1 TL Olivenöl
400 g fester Tofu

35

WEISSE BOHNEN
mit Räuchertofu

500 g Weiße Bohnen (Dose)
100 g Räuchertofu
2 Karotten | 1 Zwiebel
1 Stange Sellerie
10 Blätter Salbei
½ Würfel Gemüsebrühe
1 Schuss Olivenöl

36

TOFUPFANNE
mit Avocado und Karotten

4 EL flüssiger Honig
4 EL Sojasauce
2 Stängel Zitronengras
400 g Tofu
700 g junge Karotten
2 EL Sesamöl
2 Avocados

37

GRÜNES CURRY
mit Tofu

2 EL geschmacksneutrales Pflanzenöl
1 TL grüne Currypaste
500 ml Kokosmilch
500 g fester Tofu
125 g Zuckerschoten

38

AUBERGINENEINTOPF
mit Kichererbsen

2 große Auberginen
1 TL getrockneter Thymian
1 Schuss Olivenöl, plus einige Tropfen
1 kleine Zwiebel | 2 Knoblauchzehen
2 EL Weinessig | 2 EL Zucker
400 g Kichererbsen (Glas)
400 g stückige Tomaten (Dose)
2 EL gehackte Petersilie

39

BRÜHE MIT TOFU,
Ingwer und Champignons

1 TL Rapsöl | 2 Knoblauchzehen
1 Stück Ingwer (5 cm)
1 EL Sojasauce | 2 Würfel Gemüsebrühe
150 g kleine Champignons
150 g fester Tofu
2 Frühlingszwiebeln
einige Tropfen Sesamöl

40

KÜRBISSUPPE
mit Esskastanien und Tofu

200 g Esskastanien (Glas)
100 g Räuchertofu
2 EL Olivenöl
1 Zwiebel
1 Butternusskürbis

41

DAL
mit roten Linsen

300 g rote Linsen
200 ml Kokoscreme
1 Zwiebel
1 TL gemahlener Kreuzkümmel
300 g Kirschtomaten

42

TOMATENTARTE
mit Rosmarin

6 Tomaten
½ Karotte
2 TL Olivenöl | 3 EL Balsamico-Essig
1 TL Rohrohrzucker
Butter für die Form
1 Zweig Rosmarin
1 Rolle Blätterteig (280 g, Kühlregal)

43

ZIEGENKÄSETARTE
mit Rucola und Pinienkernen

1 Rolle Mürbeteig (280 g, Kühlregal)
Butter für die Form
Hülsenfrüchte zum Blindbacken
100 g Rucola
150 ml Milch
150 g Sahne
3 Eier
250 g Ziegenweichkäse
40 g Pinienkerne

44

ZUCCHINIPASTETE
mit Feta und Minze

2 kleine Zucchini
180 g Mehl, Type 550
2 TL Backpulver
3 Eier

Einkaufslisten

100 ml Olivenöl
¼ Bund Minze
200 g Feta
Butter für die Form

45

QUICHE
mit Frühlingsgemüse

1 Rolle Mürbeteig (280 g, Kühlregal)
Butter für die Form
150 g junge Erbsen (TK)
1 Bund grüner Spargel
4 Eier
2 EL Crème fraîche
50 g vegetarischer Parmesan

46

QUICHE
mit Sommergemüse

2 rote Paprikaschoten
15 Kirschtomaten
4 Eier
400 g Crème fraîche
1 Rolle Mürbeteig (280 g, Kühlregal)
Butter für die Form
einige Blätter Basilikum

47

PAPRIKAPASTETE
mit Mimolette

2 Paprikaschoten
4 EL Olivenöl
3 Eier
2 EL Milch
200 g Mehl
3 TL Backpulver
120 g Mimolette (franz. Hartkäse)

einige Zweige Thymian
Butter für die Form

48

TARTE
mit jungem Gemüse

1 Rolle Mürbeteig (280 g, Kühlregal)
Butter für die Form
Hülsenfrüchte zum Blindbacken
350 g gemischtes junges Gemüse
3 Eier
200 g Crème fraîche
1 Stängel Oregano
90 g geriebener Käse

49

KARTOFFELTARTE
mit Gorgonzola

3 Eier
2 EL Mehl, Type 550
500 ml Milch
100 g Sahne
200 g mehligkochende Kartoffeln
100 g Gorgonzola
Butter für die Form
20 g Haselnusskerne

50

PASTINAKENAUFLAUF
mit Haselnusskernkruste

1 kg Pastinaken
500 g Crème fraîche
1 EL Currypulver
1 Knoblauchzehe
Butter für die Form
125 g Haselnusskerne

51

MEDITERRANES GEMÜSE
mit Mozzarella

1 Zucchini
4 Tomaten
2 Kugeln Mozzarella
1 Knoblauchzehe
1 Schuss Olivenöl
einige Zweige Thymian

52

KÜRBISGRATIN
mit Koriandergrün

800 g Butternusskürbis
2 Eier
75 g Comté (franz. Hartkäse)
2 EL Paniermehl
2 Knoblauchzehen
1 EL Koriandergrün
Butter für die Form

53

SÜSSKARTOFFELN
aus dem Ofen gefüllt mit Feta

100 g Feta
3 Zweige Thymian
2 TL Paprikapulver edelsüß
2 Süßkartoffeln
3 EL Olivenöl

54

PIPERADE
auf baskische Art

4 Paprikaschoten
1 Zwiebel
2 EL Olivenöl
300 g Passata
4 Eier
5 Stängel Petersilie

55
SÜSSKARTOFFELGRATIN
mit Kokos und Ingwer

1 kg Süßkartoffeln
1 Würfel Gemüsebrühe
400 ml Kokosmilch
3 Eier
200 g geriebener Käse
1 TL gemahlener Ingwer
Butter für die Form
einige Stängel Schnittlauch

56
BROKKOLIGRATIN
mit Käse

1 kg Brokkoliröschen
Butter für die Form
100 g Comté (franz. Hartkäse)
400 ml Soja-Kochcreme
3 Eier
2 Zweige Thymian
1 Knoblauchzehe

57
SCHOKOLADENCREME
mit Seidentofu

200 g Schokolade
400 g Seidentofu
1 Bio-Orange

58
SAGOSPEISE
mit Zitrusfrüchten

2 Orangen | 2 Clementinen
2 Stängel Koriandergrün
700 ml Sojadrink
50 g Zucker
1 Bio-Zitrone
50 g Sago

59
ENERGIEKÜGELCHEN
im Kokosmantel

100 g Cashewkerne
50 g Medjool-Datteln
50 g weiche Trockenaprikosen
1 EL Kokosöl
35 g Kokosmehl
1 Bio-Zitrone
50 g Kokosraspel

60
ANANASCRUMBLE
auf karibische Art

2 Karotten
150 g Mehl, Type 405
50 g gemahlene Mandeln
25 g Rohrohrzucker
1 Pck. Vanillezucker
125 g Joghurt aus Ziegenmilch
1 EL Haselnussöl
400 g Ananas
Butter für die Form

61
QUINOASCHNITTEN
mit Honig

110 g Erdnussmus
160 g Honig
40 g gesalzene Butter
100 g gepuffte Quinoa
100 g Zartbitterschokolade
1 Handvoll Pistazienkerne

62
BEERENCRUMBLE
mit Hirse und Mandeln

75 g Hirsemehl
75 g Rohrohrzucker
80 g Butter, plus mehr für die Form
70 g gemahlene Mandeln
50 g Buchweizen- oder Haferflocken
1 Prise Fleur de sel
4 EL Ahornsirup
½ TL gemahlener Zimt
400 g gemischte Beeren (frisch oder TK)

63
SCHOKOLADENKUCHEN
mit Molkenkäse und Joghurt

200 g Zartbitterschokolade
250 g Molkenkäse
4 Eier
3 EL flüssiger Honig
125 g Joghurt
30 g Speisestärke | 1 Pck. Backpulver
Butter und Mehl für die Form

64
FINANCIERS
mit Butternusskürbis

30 g Butter, plus mehr für die Form
150 g Butternusskürbispüree
120 g Rohrohrzucker
1 EL Crème fraîche
80 g gemahlene Mandeln
15 g Mehl, Type 405 | ½ TL Natron
2 Eiweiß
15 g Schokotröpfchen

65
APFELKUCHEN
mit Zucchini

125 g Butter, plus mehr für die Form
125 g Rohrohrzucker
2 Eier
150 g Mehl, Type 405, plus mehr für die Form
1 Pck. Backpulver
2 EL Crème fraîche
2 gelbe Äpfel
1 gelbe Zucchini
2 EL Mandelblättchen

REGISTER

REZEPTNACHWEIS

© Larousse: Bérengère Abraham: 2, 6, 9, 57; Vincent AHonig: 44, 47; Anna Austruy: 7, 8, 18, 19, 31, 32, 42, 56, 60, 63; Audrey Cosson: 4; Dorian: 48; Pauline Dubois: 14, 22, 29, 38, 50, 52, 55; Sophie Dupuis-Gaulier: 59; Marine Durand: 1, 13; Coralie Ferreira: 15, 58; Isabelle Guerre: 5, 21, 24, 25, 27, 28, 35; Béatrice Lagandré: 12, 20, 23; Delphine Lebrun: 33, 51, 54; Anne LoisWasser: 10; Mélanie Martin: 26, 39, 43, 49, 53; Catherine Moreau: 40; Quitterie Pasquesoone: 45; Aude Royer: 3, 34; Géraldine Olivo: 11, 17, 36, 46; Clémence Roquefort: 30; Julie Soucail: 37, 64; Noémie Strouk: 41, 61, 62, 65.

BILDNACHWEIS

© Larousse: Delphine Amar-Constantini: 2, 10; Fabrice Besse: 3, 9, 34; Aimery Chemin: 15, 58; Emanuela Cino: 43, 49, 53; Guillaume Czerw: 59; Dorian: 48; Sophie Dumont: 7, 8, 18, 19, 31, 32, 33, 42, 51, 54, 56, 60, 63; Viginie Garnier: 4; Myriam Gauthier-Moreau: 12; Amandine Honegger: 16, 17, 20, 23, 36, 45; Marie-José Jarry: 6, 57; Claire Payen: 44, 47; Olivier Ploton: 11, 26, 30, 39, 41, 46; Aline Princet: 5, 28, 50, 55, 61, 62, 65; Philippe Vaurès Santamaria: 40; Fabrice Veigas: 1, 13, 14, 21, 22, 24, 25, 27, 29, 35, 37, 38, 52, 64.

BILDAGENTUREN

© Larousse, © Thinkstock, © Shutterstock.

DK | Penguin Random House

Für die deutsche Ausgabe:
Programmleitung Monika Schlitzer
Redaktionsleitung und Projektbetreuung Anne Heinel
Herstellungsleitung Dorothee Whittaker
Herstellungskoordination Ksenia Lebedeva
Herstellung Stefanie Staat

Übersetzung Wiebke Krabbe
Lektorat Annika Genning, Text-Genuss
Covergestaltung Stefanie Staat

Titel der französischen Originalausgabe: La Cuisine Sans Blabla – Recettes Veggies

Der Originaltitel erschien 2019 in Frankreich bei Larousse, Paris.

ISBN 978-3-8310-3968-5

Druck und Bindung Estella Graficas, Spanien

www.dk-verlag.de